Wolfgang Wegert

Liebe,
die nicht scheitert

arche-medien

Bibliografische Information Der Deutschen Bibliothek

Die Deutsche Bibliothek verzeichnet diese Publikation in der Deutschen Nationalbibliografie; detaillierte bibliografische Daten sind im Internet über http://dnb.ddb.de abrufbar.

Die Bibelstellen sind, wenn nicht anders angegeben, der Lutherübersetzung von 1984 entnommen. „Elb“ kennzeichnet die Revidierte Elberfelder Übersetzung, „LÜ 1912“ die Lutherübersetzung von 1912, „Sch“ die Schlachterübersetzung von 1951 und „Sch2000“ die Schlachterübersetzung von 2000 (zitiert nach der Genfer Studienbibel).

5. Auflage, 2010

Satz: Titus Vogt, Hamburg
Umschlag: BoD Verlagsservice, Hamburg
Druck: ARKA, Cieszyn (Polen)
ISBN: 978-3-934936-09-6

arche-medien
– Verlag des Gemeinde und Missionswerkes ARCHE –
Doerriesweg 7
22525 Hamburg
☏ (0 40) 54 70 50
🖷 (0 40) 54 70 52 99
www.arche-gemeinde.de
info@arche-gemeinde.de

Inhaltsverzeichnis

Zum Geleit

Wie ist die Liebe Gottes eigentlich? Sie ist nicht so, wie Menschen sie sich denken. Für viele ist das Wort „Gott ist Liebe" nur ein Klischee, nur ein Alibi für Gottlosigkeit. Sie wünschen sich eine Liebe ohne Wahrheit, Gerechtigkeit und Gericht. Aber Gottes Liebe ist anders. Sie ist tiefer, reiner und heiliger. Weil es hier große Verwirrung gibt, müssen wir dringend zur Bibel greifen und lernen, wie die Liebe Gottes wirklich ist.

Sie ist eine „Liebe, die nicht scheitert". Das wünschen wir uns sehr. Aber gibt's so etwas denn noch? Bei Menschen hat es eine solche Liebe noch nie gegeben, auch nicht in den guten alten Zeiten. Menschliche Liebe scheitert immer. Aber wir sprechen in diesem Büchlein von der Liebe Gottes. Sie ist einzigartig und unvergleichlich. Sie ist nicht gefühlsabhängig und launisch, sondern sie ist und bleibt immer dieselbe. Sie beginnt nicht und hört auch niemals auf. Denn sie war schon immer da und wird auf ewig bleiben. Sie ist eine Liebe nicht von der Erde, sondern aus der Ewigkeit, aus dem Herzen Gottes.

Wem diese ewige Liebe ins Herz gegossen ist, der ist der glücklichste Mensch auf Erden. Daß Gott die ganze Welt liebt, findet er gut, aber daß er von Ihm ganz persönlich geliebt wird, läßt ihn vor Freude überfließen. Ein solcher Mensch weiß, daß die Liebe des himmlischen Vaters so unveränderlich ist, daß sie auch mitten im Versagen dieselbe bleibt. Das macht ihn geistlich und auch psychisch stark. Denn wenn er sich von Menschen nicht mehr geliebt fühlt, buhlt er nicht krampfhaft um deren Sympathie, auch greift er nicht zur Krücke irgendeiner Selbstliebe, sondern das Bewußtsein, daß ihm in Jesus Christus Gottes Liebe auf ewig zugesagt ist, macht ihn sicher und furchtlos vor Menschen. Die ewige Liebe Gottes, ausgegossen in unsere Herzen (Römer 5,5), ist also die beste Medizin zur Heilung der Persönlichkeit.

Und wer durch diese himmlische Liebe stark geworden ist, der bringt sie auch in seine Beziehungen mit ein – die übernatürliche Liebe, die auch in der Krise nicht scheitert, die Liebe, die niemals aufhört. Sie werden staunen, was die Liebe Gottes vermag. Gott schenke sie Ihnen für Ihr tägliches Leben.

Wolfgang Wegert

Hamburg, im August 2005

Gott ist Liebe

„Gott ist Liebe!“ Diese zentrale Aussage der Bibel wird nicht nur von Christen geliebt, sondern hört sich auch für Nichtchristen relativ gut an. Denn wenn es überhaupt einen Gott gibt, dann muß Er natürlich lieb sein. Und tatsächlich ist die Liebe Gottes eine der überragendsten Botschaften in der Heiligen Schrift überhaupt. Das geht zum Beispiel aus den Briefen des Johannes hervor. Dieser Apostel der Liebe, wie er gern genannt wird, beschreibt die Liebe Gottes auf einzigartige Weise so: *„Wer nicht liebt, der hat Gott nicht erkannt; denn Gott ist Liebe. Darin ist die Liebe Gottes zu uns geoffenbart worden, daß Gott seinen Sohn in die Welt gesandt hat, damit wir durch ihn leben sollen“ (1. Johannes 4,8-9; Sch2000).* Wir sehen also, daß der erhabene Satz „Gott ist Liebe“ von Johannes stammt. Obwohl überwältigend viel von der Liebe Gottes in der ganzen Bibel zu lesen ist, formuliert diesen einen bestimmten Satz jedoch nur Johannes, und das gleich zweimal[1]. Da drängt sich die Frage auf, was denn dieser Satz konkret bedeutet, was er beinhaltet. Um das zu beantworten, befragen wir den Zusammenhang, nämlich den eben erwähnten Text[2], aber auch den Kontext der gesamten Bibel. Also, welches sind die Botschaften des großen Lehrsatzes „Gott ist Liebe“?

Gott selbst ist die Quelle der Liebe

Stellen wir uns einmal vor, die Schöpfung existierte nicht und ebensowenig die Menschen. Gäbe es denn auch ohne sie Liebe? Jawohl, es gäbe sie, und es gibt sie, absolut unabhängig von uns. Denn: *„Die Liebe ist aus Gott“ (1. Johannes 4,7; Sch2000)* und nicht aus den Menschen. Sie stammt also nicht von Kreaturen, sondern vom Schöpfer. Und darum war sie schon da, bevor sie überhaupt von irgendeinem Geschöpf erfahren werden konnte. Als der Allmächtige noch allein war und es weder Menschen noch Engel gab, war dennoch die Liebe da.

---

[1] Siehe auch 1. Johannes 4,16
[2] 1. Johannes 4,7-11

Denn so, wie der Allerhöchste ewig ist, ist auch Seine Liebe von Ewigkeit her. Denn schon vor aller Zeit lebte Gott Vater, Gott Sohn und Gott Heiliger Geist in ewiger gegenseitiger Liebe und Ehre.

Daß zum Beispiel der Vater den Sohn liebt, kommt in folgenden Versen zum Ausdruck: *„Dies ist mein geliebter Sohn, an dem ich Wohlgefallen habe" (Matthäus 3,17; Sch2000).* Wir sehen also: Der Vater liebte und liebt den Sohn. Das bestätigt Jesus auch von sich aus und betont: *„Der Vater hat den Sohn lieb und hat alles in seine Hand gegeben" (Johannes 3,35; Sch).* Umgekehrt spricht die Bibel auch von der Liebe des Sohnes zum Vater. *„Die Welt soll erkennen, daß ich den Vater liebe und tue, wie mir der Vater geboten hat" (Johannes 14,31).* An einer anderen Stelle sagt Jesus: *„Wie mich mein Vater liebt, so liebe ich euch auch" (Johannes 15,9)*[3]. Da ist also eine ewige gegenseitige Liebe innerhalb der Dreieinigkeit Gottes. Und wie in der Schöpfung alles Licht von der Sonne stammt, so ist der Ursprung all dessen, was wert ist, Liebe genannt zu werden, in dem lebendigen Gott. Er ist die Quelle der Liebe. Kein Mensch hat Liebe, außer von dem Allmächtigen. Denn *„die Liebe ist aus Gott"*, schreibt Johannes.

Von dieser Liebe, die schon immer da war und die niemals aufhört, schreibt auch der große Apostel Paulus: *„Nun aber bleiben Glaube, Hoffnung, Liebe, diese drei; aber die Liebe ist die größte unter ihnen" (1. Korinther 13,13).* Warum ist denn die Liebe größer als Glaube und Hoffnung? Die Hoffnung hört auf, weil sie sich erfüllt. Der Glaube hört auf, weil wir einmal schauen werden, was wir geglaubt haben. Aber die Liebe hört niemals auf, auch im Himmel nicht, denn sie ist ewig. Sie war schon immer da und wird auch immer sein. Und von dieser

---

[3] Dieses Bibelwort ist ein gewaltiger Trost für Christen, die sich aufgrund von allzu negativen Lebensumständen von Gott nicht mehr geliebt fühlen. Wenn wir aber bedenken, daß Jesus in obigem Bibelzitat feststellt, daß Gott uns mit keiner geringeren Liebe liebt als der, mit der Er Seinen eigenen Sohn liebt, müssen alle Zweifel bezüglich der Liebe Gottes uns gegenüber endgültig weichen. (Man lese zur weiteren Bestätigung auch Johannes 17,23+26.)

Liebe ist Gott durch und durch durchdrungen. Ebenso wie Er Geist ist und wie Er Licht ist und auch Gerechtigkeit, so entspringt Seinem innersten Wesen Liebe. Alles, was Er ist und was Er tut, ist Liebe. Selbst Sein Gericht und Sein Zorn stehen in vollkommener Harmonie mit Seiner Liebe.

Will die Welt wirklich Liebe erfahren – reine, echte, wahre Liebe –, wo muß sie dann hingehen? Sie muß zu dem Gott gehen, von dem es heißt: „Gott ist Liebe." Woanders mögen romantische Gefühle sein, ja sogar heißblütige Zuneigung und vielleicht auch sexuelles Begehren. Aber die echte, selbstlose, lautere, ungeheuchelte Liebe kommt ganz allein von dem lebendigen und ewigen Gott. Das, was wirklich den Namen „Liebe" verdient, kommt aus Gott, aus dem Quell Seines Herzens. Sehnst du dich nach Liebe? Dann sehne dich einfach nach Gott, und du wirst sie erfahren – an dir und auch überfließend für andere.

Die Liebe Gottes ist persönlich

Wenn es heißt, daß Gott Liebe ist, dann bedeutet das nicht nur, daß Er die Quelle der Liebe ist, sondern auch, daß sie direkt und persönlich von Ihm kommt und nicht irgendwie anonym in der Welt ist. Der Ausdruck „Gott ist Liebe" wird, wie eingangs schon erwähnt, allgemein sehr gern gehört. Sogar Esoteriker akzeptieren diesen Spruch. Allerdings verstehen sie unter Gottes Liebe nur ein Prinzip, das in der Welt wirkt, als eine kosmische Energie etwa. Für andere ist die Liebe Gottes eine Art Kult. Und so feiern sie diese Liebe in dröhnenden und obszönen Liebesumzügen, Love-Parades genannt. Ihr Motto heißt: „Make love!" Und während sie sich quer durch alles Fleisch küssen, wähnen sie, die grenzenlose Liebe Gottes zu fühlen. In Wirklichkeit aber preisen sie den Rausch ihrer Lust und ihrer Drogen.

Göttliche Liebe so verstehen zu wollen, zeigt den perversen Charakter unserer dekadenten Zeit. Sie ist nämlich weder Kult noch Prinzip, sondern sie ist eine ganz konkrete, persönliche Liebe. Denn für Johannes ist die Liebe Gottes nicht irgendeine unpersönliche Kraft oder ein philosophischer Wert oder eine

Art Weltgefühl. Nein, er schreibt vielmehr: „Gott ist Liebe." Das heißt, der himmlische Vater ist Liebe, ebenso der Sohn und auch der Heilige Geist. Macht es einen Unterschied, ob ich zu einem Kind sage: „Du, das Universum liebt dich" oder ob ich sage: „Deine Mutter liebt dich"? Ich jedenfalls freue mich, daß ich nicht von kosmischen Kräften geliebt werde, sondern von meinem himmlischen Vater. Nicht das anonyme Weltall liebt mich, sondern mein Herr und Heiland Jesus Christus. Das ist der entscheidende Unterschied, der einen nach Liebe hungernden Menschen zur Erfüllung und Geborgenheit bringt.

Wie ist es mit dir? Fühlst du dich ungeliebt? Dann erkenne Gott nicht mehr als anonymes Wesen, sondern als deinen für dich persönlich sorgenden Vater, als deinen guten Hirten und himmlischen Freund. Denn dieser Gott ist Liebe.

Die Liebe Gottes ist unveränderlich

Der Ausdruck *„Gott ist Liebe"* beinhaltet natürlich auch, daß Seine Liebe unveränderlich und konstant ist. Denn so wie Gott unwandelbar ist, so ist auch Sein Wesen unwandelbar, sprich Seine Liebe. Und hier zeigt sich der große Unterschied zwischen Gottes Liebe und menschlicher Liebe.

Eine Ehefrau fragte ihren Mann: „Mein Schatz, warum liebst du mich?" Er antwortete: „Weil du so schön bist!" „Und warum noch?", wollte die Frau gern wissen. Der Mann schwärmte: „Weil du so sportlich bist und weil du so gut kochen kannst und weil man sich mit dir so gut unterhalten kann!" Nachdem der Mann die Liste für die Begründung seiner Liebe zu seiner Frau noch lange begeistert fortgeführt hatte, fragte sie schließlich: „Heißt das also, daß du mich nicht mehr liebst, wenn ich nicht mehr so schön und sportlich bin, und daß der Grund für deine Liebe wegfällt, wenn ich nicht mehr so gut kochen und du dich nicht mehr so gut mit mir unterhalten kannst?" Nie zuvor hatte der Mann über die Frage, warum er seine Frau eigentlich liebte, so sehr nachgedacht wie jetzt. Würde er seine Frau immer noch lieben, wenn alle ihre genannten Vorzüge verschwinden und sie häßlich, ein Krüppel oder gar geisteskrank werden würde?

Wenn ihre gesamte Liebenswürdigkeit verlorenginge, würde er sie dennoch lieben? Das ist die große Frage.

An diesem Beispiel kommt etwas sehr Wesentliches zum Ausdruck. Unsere menschliche Liebe kommt immer von außen in uns hinein. Sie wird immer hervorgerufen durch das, was wir wahrnehmen. Sie wird immer verursacht durch einen Reiz. Man nennt ihn auch „Liebreiz". Unsere Liebe ist also immer Echo und kommt nicht ursächlich aus uns selbst. Wir lieben, weil die Frau so attraktiv ist, wir lieben den Beruf, weil er Spaß macht, und das Kätzchen, weil es so süß ist. Darin besteht doch unser menschliches Dilemma. Anfangs entzückt die junge Frau ihren Mann. Er ist so verzaubert, daß er sie vor lauter Liebe am liebsten auffressen möchte. Aber bald tut es ihm leid, daß er es nicht getan hat. Die hohen Scheidungsraten zeigen das Elend unserer menschlichen Liebe. Erst liebt man sich, und später haßt man sich. Das hängt damit zusammen, daß unsere menschliche Liebe immer die Folge einer entsprechenden Einwirkung von außen ist. Entfällt diese reizende Einwirkung, entfällt auch die Liebe. Das heißt, weil das Objekt unserer Liebe sich verändert, wandelt sich auch unsere menschliche Liebe, sie kühlt ab und hört oft auf.

Daß unsere Zuneigung immer von außen bewirkt wird, habe ich durch ein kleines Alltagserlebnis ziemlich gut vor Augen geführt bekommen. Vor einiger Zeit lief uns ein kleines Kätzchen zu. Es richtete sich an unserer Terrassentürscheibe auf und tönte herzergreifend sein „Miau" in unsere Küche hinein. Es hatte großen Hunger. Wir riefen auch unsere Enkelkinder. Alle waren wir fasziniert von diesem entzückenden Wesen. Wir gaben dem Tier Nahrung, und bis heute wohnt es bei uns. Einmal kam mir der Gedanke, ob wir uns auch so freundlich verhalten hätten, wenn die zugelaufene Kreatur nicht ein Kätzchen, sondern eine Ratte gewesen wäre. Bei diesem Gedanken wollte ein Ekel in mir aufsteigen. Da erkannte ich das Wesen meiner menschlichen Liebe. Sie kam nämlich nicht ursächlich aus mir selbst, sondern die Liebe zu dem Tier war durch seinen bezaubernden Reiz in mir geweckt worden. Der Grund für meine Zuneigung lag nicht in mir, sondern in der Katze. Und weil eine

Ratte diesen Liebreiz nicht hat, liefert sie mir auch keinen Grund, sie zu lieben und sie bei uns wohnen zu lassen.

Nachdem wir die Beschaffenheit unserer menschlichen Liebe beschrieben haben, müssen wir nun lernen, daß Gottes Liebe anders und mit der menschlichen absolut nicht zu vergleichen ist. Seine Liebe ist nicht durch irgendeine Attraktivität von uns bei Ihm hervorgerufen, sondern die Bibel lehrt, wie wir gesehen haben, daß Gott in sich selbst Liebe ist, bevor du oder ich da waren und positiv auf Ihn hätten einwirken können. Gott liebt Seine Kinder nicht ihretwegen, sondern Seinetwegen. Das heißt, was wir sind oder nicht sind, was wir tun oder nicht tun, bewegt und beeinflußt die Liebe Gottes nicht. Sie ist eine unveränderliche Größe, die durch uns in keiner Weise beeinflußt werden kann. Das kommt in folgendem Schlüsselwort der Bibel zum Ausdruck: *„Mit ewiger Liebe habe ich dich geliebt, darum habe ich dir meine Gnade so lange bewahrt“ (Jeremia 31,3; Sch).* Die Luther-Bibel übersetzt: *„Ich habe dich je und je geliebt“*, von Ewigkeit her also, *„darum habe ich dich zu mir gezogen aus lauter Güte.“* Gottes Liebe zu dir, teures Gotteskind, war bereits vor aller Ewigkeit da. Da schon hat Gott dich geliebt! Nicht, weil du so ein guter Mensch bist, weil du so reizend und so liebenswert bist. Nein, erkenne ganz klar: Gott hat dich von jeher geliebt, weil Er es unabhängig von dir, ohne irgendeinen Grund, einfach so wollte. Er liebt dich schlicht und ergreifend nach dem Wohlgefallen Seines Willens. Die Liebe zu dir hat nur einen einzigen Grund, und der bist nicht du, sondern Gott selbst. Du bist nicht die Ursache Seiner Liebe zu dir, sondern die Ursache ist schlicht Sein Wille, Sein unabhängiger Beschluß. Er liebt dich, aber nicht, weil du Ihm gefällst, sondern weil es Seinem Willen gefällt.

Vor diesem Hintergrund kann eigentlich kein wahrer Christ mehr zweifeln und sagen: „Wer weiß, vielleicht liebt Gott mich nicht mehr.“ Wenn Er dich schon vor Ewigkeiten liebte, unabhängig von deiner künftigen Biographie, die Gott ja bis in alle deine einzelnen Missetaten hinein schon kannte, weshalb sollte Er nun irgendwann einmal in diesem deinem Leben aufhören, dich zu lieben? Der Allerhöchste kannte doch schon dein Leben, lange bevor du geboren wurdest. Alle deine Sünden und deine Schande waren Ihm schon vor allem Anfang offenbar. Du warst schwarz in Seinen Augen. Und dennoch, obwohl Er dich so sah, beschloß Er, dich mitsamt deinem Versagen zu lieben. Wieso soll Er dich nun nicht mehr lieben wollen, wo doch nur eintritt, was Er schon lange wußte? Nein, Gottes Liebe zu uns entsteht nicht durch uns, sondern sie war in Ihm und ist in Ihm, von Ewigkeit her. Darum schreibt Johannes: *„Die Liebe ist aus Gott" (1. Johannes 4,7).* Sie muß nicht erst in Ihn hineingebracht werden, sondern sie ist schon da gewesen, ehe wir waren. Darum sage nie wieder, daß Gott aufgehört habe, dich zu lieben. Das mag von deinem Freund, von deinen Eltern, ja sogar von deinem Mann oder deiner Frau gesagt werden können, aber nicht von deinem Gott, deinem himmlischen Vater. Seine Liebe ist vollkommen und kann daher nicht weniger, aber auch nicht mehr werden. Verbesserung ist nicht nötig und Verschlechterung nicht möglich. Die Liebe des Allerhöchsten ist einfach souverän und erhaben. Sie ist einzigartig und ohne Beispiel und darum absolut anders als die unzuverlässige Liebe der Menschen.

Aus diesem Grund sind auch Rückschlüsse beispielsweise von einem irdischen Vater, der nicht liebt, auf Gott unzulässig. Nicht selten hört man sogar Christen sagen: „Ich habe aufgrund meiner negativen Erfahrung in meinem Elternhaus ein so schlechtes Vaterbild, daß ich mir einen liebenden Gott gar nicht vorstellen kann." Sie projizieren ihr subjektives Vaterbild einfach auf Gott. Weißt du, was du machst? Du machst Gott zum Menschen. Du verwandelst die göttliche Liebe in menschliche Liebe. Aber zwischen ihnen ist ein himmelweiter Unterschied. Höre auf mit solchen Projektionen! Du brauchst das wahre, biblische Gottesbild! Die Schrift sagt ganz klar: *„Gott ist nicht ein Mensch" (4. Mose 23,19).* Darum noch einmal: Erkenne den Unterschied zwischen der Liebe Gottes, die ewig ist, und der menschlichen Liebe, die vergänglich ist. Wenn Gott einmal zu lieben angefangen hat, hört Er niemals wieder damit auf. Sich von solcher ewigen Liebe geliebt zu wissen, ist ein gewaltiger Trost und gibt herrliche Geborgenheit für das ganze Leben.

Die Liebe Gottes ist genau definiert

Zugleich mit dem Ausdruck *„Gott ist Liebe"* erklärt uns Johannes genau, welches der Wesenskern der Liebe Gottes ist. Er schreibt: *„Darin ist die Liebe Gottes zu uns geoffenbart worden, daß Gott seinen eingeborenen Sohn in die Welt gesandt hat, damit wir durch ihn leben sollen" (1. Johannes 4,9; Sch2000).* Die Bibel sagt nicht bloß, daß Gott allgemein Liebe ist, wobei sich dann jeder selbst überlegen kann, was er sich darunter vorstellt. Da gibt es allerlei Variationen, wie sich Menschen die Liebe Gottes denken. Daß Gott Liebe ist, bedeutet für viele zum Beispiel, daß Er immer und überall gegen Krieg sei. Andere meinen, daß Er immer lieb und tolerant wäre. Und so ist der „Gott-ist-Liebe-Slogan" weithin äußerst angesehen, von Freimaurern angefangen über die kirchliche Linke bis hin zu den Buddhisten und anderen Religionen. Aber die Heilige Schrift definiert ganz genau, worin die Liebe Gottes besteht und auf welche Weise sie sich manifestiert. Lassen wir sie selbst sprechen: *„Darin besteht die Liebe, ... daß er uns geliebt hat und seinen Sohn gesandt hat als Sühnopfer für unsere Sünden" (1. Johannes 4,10; Sch2000).*

Die Liebe Gottes besteht demnach absolut erstrangig darin, daß Gott uns Jesus Christus als Opfer für unsere Sünde gegeben hat. Die Liebe Gottes besteht also nicht im Sozialismus oder Pazifismus oder in irgendeiner Art Weltbruderschaft, sondern sie besteht im Kreuz von Golgatha. Wer von der Liebe Gottes redet, zugleich aber die Versöhnungstat Christi am Kreuz als den von Gott bestimmten Weg zum Heil leugnet, mag von irgendeiner Liebe faseln, aber er weiß nichts von der Liebe Gottes, die von der Tatsache des Opfertodes Christi nicht zu trennen ist.

Ein junger Mann schrieb kürzlich einem Pastor: „Hören Sie auf mit dem Reden von Sünde und Buße, hören Sie auf mit Ihrer Rechtfertigungsdoktrin, die sowieso niemand versteht. Sagen Sie den Menschen einfach: „Gott ist Liebe." Glauben Sie wirklich, daß Gott an all den Dogmen interessiert ist, die uns Christen spalten? Wieviel besser würde es sein, wenn wir all die trennenden Lehrfragen vergessen und der Welt einfach nur

Gottes Liebe zeigen würden.“ Bei allem Verständnis dafür, daß der Schreiber unter der Zerrissenheit der Christenheit leidet, frage ich allerdings zurück: Kann man der Welt Gottes Liebe auf eine andere Weise zeigen, als Gott es selbst getan hat, nämlich durch Jesus Christus (1. Johannes 4,9)? Und dieser aus Liebe gesandte Christus steht für eine klar umrissene Botschaft: *„Darin besteht die Liebe [Gottes] ..., daß er uns ... seinen Sohn zur Versöhnung für unsre Sünden [gesandt hat]“ (1. Johannes 4,10).* Wie können wir also meinen, der Welt die Liebe Gottes verkündigen zu können ohne die Lehren, die Christus durch Sein Leiden und Sterben persönlich repräsentiert und auch selbst gepredigt hat?

Heute besteht eine Tendenz, die man gern mit Worten wie diesen ausdrückt: „Ich bin nicht an Lehre interessiert, nicht an der Frage der Sünde und daran, was Rechtfertigung bedeutet. Ich will nicht wissen, ob Jesus Christus Gottes Sohn ist, ob Er von einer Jungfrau geboren wurde, ob Er starb und wieder auferstand. Das alles mag sein oder auch nicht sein. Mir genügt zu sagen: Gott ist Liebe.“ Mit solchen Redensarten setzt man die klaren biblischen Lehren über die Person Jesu Christi in Widerspruch zur Liebe Gottes, vielleicht sogar ohne es zu merken. Man will die Liebe Gottes beschützen, zerstört sie aber. Denn wer biblische Lehre wegtut, weil er meint, sie behindere die Liebe Gottes, der raubt ihr das, worin sie ureigentlich besteht und was ihr wahres Wesen ausmacht. Denn die Liebe Gottes besteht nicht in gefühlvollen Schlagworten wie zum Beispiel: „Seid nett zueinander!“ oder: „Alle Menschen sind Brüder!“ oder: „Wir kommen alle, alle in den Himmel!“, sondern – und ich sage es noch einmal – sie besteht nach der Bibel ausdrücklich darin, daß Gott *„seinen Sohn gesandt hat als Sühnopfer für unsere Sünden“ (1. Johannes 4,10; Sch).* Wer die Liebe Gottes beschreiben will und dabei diese entscheidende Definition der Bibel ausblendet, der mag irgendeine profane, von Menschen ersonnene Liebe schildern, aber es handelt sich nicht um die Liebe Gottes. Die Liebe Gottes besteht in Jesus Christus. Das ist der Kern der Liebe des himmlischen Vaters. Ohne das Lamm Gottes gibt es keine Liebe, keine Versöhnung, kein Heil und keine Hoffnung. Darum ist der Sohn Gottes das A und O,

Anfang und Ende, der Erste und Letzte. In Ihm allein besteht die Liebe Gottes. Dieser und keiner anderen Liebe vertraue. Glaube allein der Liebe Gottes, die sich in Jesus Christus als dem Erlöser von deinen Sünden offenbart. Das wird wahres Leben für dich sein.

Gott behält Seine Liebe nicht für sich

Wir werden später noch erörtern, auf wen alles sich die Liebe Gottes bezieht und auf welche Weise sie an Menschen wirkt. Hier jedoch möchte ich zunächst die Frage klären, ob der Allmächtige die Fähigkeit, göttlich zu lieben, sich selbst vorbehält oder ob Er auch Menschen damit beseelt. Anders gefragt: Ist nur Gott Liebe, oder kann – ähnlich wie Er – auch ein Mensch Liebe sein? Wenn ja, welche Menschen?

Auch diese Frage beantwortet der Apostel Johannes auf unmißverständliche Weise in 1. Johannes 4,4-10. Dort schreibt er: *„Die Liebe ist aus Gott; und jeder, der liebt, ist aus Gott geboren" (1. Johannes 4,7; Elb).* Wer liebt demzufolge mit der Liebe Gottes? Jeder, der aus Gott geboren ist – also nicht jeder natürliche Mensch, sondern nur der aus Gott Geborene oder der von neuem Geborene (Johannes 3,3). Alle also, die aus Gott geboren sind, haben von der Liebe, die auch Gott hat. Denn sie haben in der Wiedergeburt Anteil an der Natur und dem Wesen Gottes empfangen und somit auch an Seiner Liebe. Johannes drückt hier eine sehr ernste Wahrheit aus. Denn umgekehrt heißt das im Klartext: Wer nicht im Sinne Gottes liebt, ist nicht von neuem geboren. Er kennt Gott gar nicht. Hören wir das?

Wenn Menschen in Kirche und Gemeinde lieblos, unfreundlich und voller Kritiksucht sind, wenn sie sich freuen, Schlechtes über andere Christen zu hören, und sogar selbst gern Übles über andere reden, wenn sie streiten und Unfrieden stiften, dann ist höchste Alarmstufe angesagt. Denn in 1. Johannes 4, 8 lesen wir: *„Wer nicht liebt, hat Gott nicht erkannt"*, der gehört gar nicht zu Ihm. Aber wer aus dem Glauben aus Gott geboren ist, ist ein neuer Mensch geworden und liebt, wie auch Gott liebt.

Darum überprüfe dich, wie deine Haltung anderen Menschen gegenüber ist, insbesondere auch gegenüber Christen. Denn nur wer liebt, ist aus Gott geboren, und wer es nicht tut, ist nach dem Befund der Bibel gar kein Christ. Denn wer Christ ist, hat in seiner Wiedergeburt auch göttliche Liebe empfangen. Darum schreibt der großartige Paulus: *„Die Liebe Gottes ist ausgegossen in unsre Herzen durch den heiligen Geist" (Römer 5,5)*. Die Liebe Gottes auszuleben ist also das Markenzeichen wahrer Christen. Wie zu einem Adler das Fliegen gehört, so gehört das Lieben zu einem Christen. Liebe ist seine neue Natur. Das heißt, die Liebe wahrer Christen hat göttliche Qualität. Ihre Liebe ist nicht menschlich, sondern übernatürlich. Diese Liebe von Gott im Herzen der Gläubigen hat nichts mit romantischer oder sexueller Liebe zu tun. Für diese irdische Sorte von Liebe gebraucht die griechische Sprache der neutestamentlichen Zeit den Begriff „eros", heute bekannt durch das Wort „Erotik". Aber auch Mutterliebe und Freundesliebe – im Neuen Testament „philia" genannt – reichen bei weitem nicht an die Liebe heran, die der lebendige Herr Seinen Kindern in ihrer Neugeburt verliehen hat. Wiewohl die Eros-Liebe im Rahmen der Gebote Gottes etwas sehr Beglückendes und Fruchtbringendes sein kann, wie auch Mutterliebe etwas Edles und Erfüllendes ist, werden diese beiden Arten menschlicher Liebe aber noch von einer anderen Liebe, nämlich der Gottesliebe, weit übertroffen, die in den Herzen der Glaubenden wohnt.

Diese alles überragende Gottesliebe nennt das Neue Testament „agape". Dieser Begriff war bis dahin in der griechischen Sprachwelt kaum bekannt. Man benutzte neben einigen weiteren Begriffen[4] vor allem die beiden soeben erwähnten Ausdrücke „philia" und „eros".[5] Als aber Christus kam und die

---

[4] Die griechische Sprache kennt im Gegensatz zur deutschen Sprache eine ganze Reihe verschiedene Begriffe für „Liebe" (vgl. W. Günther / H.-G. Link. „agapao". in: Lothar Coenen u.a. (Hrsg.). Theologisches Begriffslexikon zum Neuen Testament. R.Brockhaus-Verlag: Wuppertal, 1993 (1. Sonderauflage). S. 895-901, hier S. 895).

[5] Ein weiterer geläufiger Begriff war „storge", welcher besonders für die „Liebe zu den Eltern und Kindern" benutzt wurde *(Pape: Griechisch-Deutsch. Digitale Bibliothek Bd. 117. S. 84613)*. Im Neuen Testament

unvergleichliche Liebe Gottes offenbarte, nahmen die Apostel den bis dahin nur sehr selten verwendeten Begriff „agape“, um genau diese göttliche Liebe zu beschreiben[6]. Denn während „eros“ und „philia“ lediglich menschliche Empfindungen bezeichnen, drückt „agape“ die reine, heilige Liebe aus, die aus Gott kommt. Ein Dreifaches kann von dieser wunderbaren „agape“ Gottes gesagt werden:

Erstens sucht sie nichts Liebenswürdiges oder Liebenswertes im Menschen[7]. Gott liebt uns nicht wegen unserer menschlichen Würde oder wegen unseres Wertes. Nein, die „agape“ sucht nichts in uns. Gott liebt uns nicht, weil wir so wertvoll sind, wie das oft fälschlicherweise gesagt wird. „Agape“ liebt aus freiem Willen, unabhängig, vorurteilsfrei, unbeeinflußt. Gott liebt aus Seiner freien Entscheidung, einfach weil Er es will. Und dabei sind unsererseits Liebenswürdigkeiten oder Unwürdigkeiten nicht von Belang.

Zweitens ist die „agape“ auch nicht daran interessiert, was sie für ihre Liebe gewinnt. Vielmehr ist „agape“ daran interessiert, was sie geben kann, ohne Gegenliebe zu erfahren. „Agape“ liebt, was immer es auch kostet. Nicht selten kommen Ehefrauen in die Seelsorge zu uns und klagen: „Mein Mann sagt immer: ‚Ich liebe Dich so.‘ Aber er erwartet immer so viel von mir.“ Das ist die menschliche Liebe. Die menschliche Liebe liebt, weil sie erwartet. Sie ist wie eine Investition, aus der man Gewinn schlagen will. Und wenn dann die Vorstellungen nicht erfüllt werden, ist man ärgerlich, und mit der hochtönenden Liebe ist es dann schnell aus. Darum, lieber Ehemann oder wer du auch bist: Erwarte nicht, sondern liebe! Denn die göttliche Liebe hat keine Erwartung. Was heutzutage alles unter dem Begriff „Liebe“ untergebracht wird, ist oft nichts anderes als purer Egoismus, Lust und Gier. Aber die „agape“, die durch den Heiligen Geist in dein Herz gegeben ist, ist eine Liebe vol-

---

kommt dieser Begriff so nicht vor, allerdings das abgeleitete Adjektiv „astorgos“ = „lieblos“ (Römer 1,31; 2. Timotheus 3,3).

[6] Vgl. John McArthur. The God Who Loves. W. Publishing Group: Nashville, 1996. S. 30f

[7] siehe Seite 9

ler Hingabe, voller Opferbereitschaft, ohne zu erwarten. Hat die Liebe deines Herzens diese Qualität?

Vielleicht fragst du jetzt: „Erwartet Gott denn aufgrund Seiner Liebe nicht auch etwas von uns, nämlich daß wir Ihn wiederlieben?“ Wenn wir das Geheimnis der Liebe unseres Herrn tiefer zu ergründen suchen, dann verstehen wir, daß die Gegenliebe, die unser Heiland zu Recht von uns erwartet, nichts anderes ist als ein freies Geschenk von Ihm. Das heißt, alle Erwartungen, die Gott an Seine Kinder hat, erfüllt Er selbst in ihnen. Oder anders ausgedrückt: Die Liebe unseres himmlischen Vaters besteht wesensmäßig darin, daß wir Ihn wiederlieben. Die Liebe, mit der wir Gott lieben, kommt also nicht von uns, sondern von Ihm selbst. Noch einmal konkret: Die „agape“ Gottes erwartet in der Tat nichts, aber auch gar nichts von unserem natürlichen, fleischlichen Menschen. Fleischliches und Vergängliches kann einem Gott, der ewiger Geist ist, niemals gefallen. Gott erwartet also keine Gegenliebe aus dir selbst. Die Gegenliebe jedoch, die Ihm gefällt, kommt aus dem Heiligen Geist, sie ist aus Gnade in dich hineingelegt und kommt nicht aus dir.

Darüber wäre noch viel mehr zu sagen. Denn unser ganzes geistliches Leben ist nicht menschliche Reaktion auf Gottes Erwartung, sondern Erfüllung dessen, was Gott hineingelegt hat. Nicht nur unsere Liebe, sondern auch unser Gehorsam, unsere Treue, unsere Geduld, unsere Gebete und aller Dienst kommen von Gott als Seine Frucht. Durch den Heiligen Geist erfüllt Er selbst in uns, was Er erwartet (vgl. Hesekiel 36,27). Glaube das von ganzem Herzen, und das Glück deines Christseins wird unbeschreiblich groß. Diesen Gedanken faßt der Apostel in folgendem Schlüsselsatz zusammen: *„Was hast du, das du nicht empfangen hast? Wenn du es aber empfangen hast, was rühmst du dich dann, als hättest du es nicht empfangen?“ (1. Korinther 4,7).* Also auch unsere Gegenliebe zu Jesus haben wir von Ihm selbst erhalten. Deshalb bleibt fest bestehen, daß die „agape“, die Liebe Gottes, nur gibt, schenkt und opfert und nichts erwartet. Bitte Gott um diese wunderbare Liebe von oben.

Nun möchte ich auch den dritten Aspekt der „Agape-Liebe“ noch ansprechen. Sie ist nämlich ihrem Wesen nach nicht ein Gefühl oder eine Stimmung, sie hat auch nicht nur schöne Worte oder Blumen, sondern sie hat Taten der Liebe, sie handelt, sie ist konkret (vgl. Galater 5,6). Der begnadete Apostel Paulus hat uns eine königliche Beschreibung der göttlichen „agape“ gegeben. Hier ist sie: *„Die Liebe ist langmütig und freundlich, die Liebe eifert nicht, die Liebe treibt nicht Mutwillen, sie bläht sich nicht auf, sie verhält sich nicht ungehörig, sie sucht nicht das Ihre, sie läßt sich nicht erbittern, sie rechnet das Böse nicht zu, sie freut sich nicht über die Ungerechtigkeit, sie freut sich aber an der Wahrheit; sie erträgt alles, sie glaubt alles, sie hofft alles, sie duldet alles. Die Liebe hört niemals auf“ (1. Korinther 13,4-8a).*

Wenn wir anhand dieser Zeilen das Wesen der „Agape-Liebe“ studieren, finden wir nicht eine Spur von Selbstliebe, die neuerdings auch von christlichen Lehrern propagiert wird. Denn die Liebe Gottes sucht nicht das Ihre, wie wir gerade gelesen haben. Sie ist niemals auf sich selbst bezogen, sondern immer auf den anderen, auf Jesus, auf den Vater, auf Gott, auf den Bruder und sogar auf den Feind. Darin besteht das Geheimnis der „agape“. Sie ist nicht menschlich, sondern göttlich, sie ist nicht fleischlich, sondern geistlich. Und das Gewaltige ist nun, daß diese übernatürliche, sich hingebende und sich aufopfernde Liebe Gottes in den Herzen der Wiedergeborenen wohnt. Daher ist bei wahren Christen Liebe nicht Liebelei und Sinnlichkeit, sondern nüchterne, praktische Tat. Die himmlische Liebe in ihren Herzen gibt ihnen die Kraft, zu tragen und zu dulden – nicht nur in der Ehe, sondern auch bis hin zur Feindesliebe. Weil Jesus Seine Kinder in der Wiedergeburt mit dem Heiligen Geist getränkt hat (1. Korinther 12,13), kann Jesus sie aufrufen: *„Liebt eure Feinde und bittet für die, die euch verfolgen, damit ihr Kinder seid eures Vaters im Himmel“ (Matthäus 5,43-44a).* Nur durch die Liebe Gottes in uns ist es möglich, dieses Gebot Jesu zu erfüllen. Solange Menschen auf sich selbst gestellt sind, das Gebot der Liebe zu erfüllen, werden sie scheitern, und die Welt wird aus Mangel an echter Liebe zugrunde gehen. Aber gepriesen sei der Name des Herrn:

„Gott ist Liebe", und diese hat Er nicht für sich behalten, sondern vom Himmel her allen Glaubenden geschenkt, damit sie auf Erden Gottes Liebe ausstrahlen und so der Welt geholfen werden kann. Ich schließe dieses Kapitel mit dem Gebet eines Liedverses, bete am besten gleich mit:

STRAHLE DEINE LIEBE AUS DURCH MEIN HERZ,
LASS DIE WELT JESU SCHÖNHEIT NUR SEH'N.
LASS DEIN VORBILD, GOTTES SOHN,
DURCH MEIN GANZES LEBEN GEH'N.
STRAHLE AUS DEINE LIEBE DURCH MICH.[8]

---

[8] Susanne Reusser, Herbert Hengi (Hrsg.). Singt Halleluja!. Dynamis-Verlag: Kreuzlingen, 1984. Nr. 167

Gottes weltumspannende Liebe

Einer der weltweit bekanntesten Bibelverse lautet: *„Denn so sehr hat Gott die Welt geliebt, daß er seinen eingeborenen Sohn gab, damit jeder, der an ihn glaubt, nicht verloren geht, sondern ewiges Leben hat" (Johannes 3,16; Elb).* Diesen beliebten Spruch präsentieren Christen in den vordersten Reihen bei Fußballturnieren und Olympiaden und halten ihn per Banner in die TV-Kameras der ganzen Welt. Oft ist nicht einmal der Text zu lesen, sondern es genügt die englische Versangabe „John 3:16", und Millionen von Menschen erkennen die Botschaft oder dürfen rätseln, was dieses Kürzel bedeutet. Auch ich bin der festen Überzeugung, daß es Johannes 3,16 verdient hat, der ganzen Welt bekannt gemacht zu werden. Denn der ganze Globus muß es hören: *„So sehr hat Gott die Welt geliebt ..."* Im Folgenden möchte ich nun die Botschaft dieser wunderbaren Worte unter die Lupe nehmen und herausfinden, was sie wirklich bedeuten.

Gott liebt die Welt

Die erste Botschaft dieses glorreichen Jesus-Wortes lautet also: „Gott liebt die Welt." Was meint das? Liebt Er sie, so wie sie ist? Liebt Er sie mitsamt den Gottlosen?

Wir haben ein doppeltes Zeugnis in der Heiligen Schrift. So lesen wir zum Beispiel auch von Gottes Haß: *„Wer Unrecht liebt, den haßt seine Seele" (Psalm 11,5).* Ähnlich sagt es auch diese Bibelstelle: *„Die Prahler bestehen vor deinen Augen nicht, du hassest alle Übeltäter" (Psalm 5,6; Sch).* Zugegeben, solche Schriftworte werden auf den Kanzeln von heute kaum benutzt, aber sie sind dennoch Bestandteil der Bibel! Auch dem Wort im Neuen Testament geht man gern aus dem Wege, das da heißt: *„Jakob habe ich geliebt, aber Esau habe ich gehaßt" (Römer 9,13).* Wie immer man diese Aussage auffassen will – auf jeden Fall steht da nicht: „Jakob habe ich geliebt, und Esau habe ich gleichermaßen geliebt." Also liebt Gott doch nicht alle Menschen?

Auf der anderen Seite gibt es Bibelstellen, die unmißverständlich von der Liebe Gottes zu allen Menschen sprechen – auch zu denen, die nicht an Christus glauben wollen. Wir lesen zum Beispiel bei dem Evangelisten Markus von einem reichen Jüngling, den Christus eingeladen hatte, Ihm nachzufolgen. Aber ziemlich selbstgerecht und ungläubig lehnte er ab. Er pochte weiter auf seine guten Gesetzeswerke und weigerte sich, durch die Barmherzigkeit und Gnade Jesu Christi gerettet zu werden. Und so ging er weg vom Herrn. Aber nun lesen wir nicht: „Und Jesus schaute ihm nach und haßte ihn", sondern es heißt vielmehr: *„Und Jesus sah ihn an und liebte ihn" (Markus 10,21; LÜ 1912)* – den Ungläubigen. Die Liebe Gottes zu allen Menschen unterstreicht, ähnlich wie Johannes 3,16, auch folgendes Wort: *„Der Herr ist allen gütig und erbarmt sich aller seiner Werke" (Psalm 145,9).*

Ich gebe zu, daß die Bibel uns bezüglich der Liebe einige Rätsel aufgibt. Denn einerseits sagt sie, daß Gott alle Menschen liebt, auch die Ungläubigen, andererseits aber verkündet sie auch die unweigerliche Verwerfung derer, die nicht an Christus glauben. Nicht nur an dieser Stelle sehen wir, daß das Werk der Heiligen Schrift sehr komplex ist. Deshalb ist es geboten, nicht einfach parolenhaft Bibelsprüche von sich zu geben, sondern Gottes Wort sehr gründlich und umfassend zu studieren.

Wie sich die Liebe Gottes allen erweist

Wir haben anhand einer Reihe von Bibelstellen feststellen können, daß Gott alle Menschen liebt. Aber auf welche Weise liebt Er sie alle? Zunächst einmal durch Seine **allgemeine Liebe**, das heißt durch Seine allgemeine Freundlichkeit zu allen Menschen. Diese Liebe Gottes ist es, die zum Beispiel die Sünde in der Welt zügelt, sie eindämmt und ihre zerstörende Wirkung hemmt. Die allgemeine, universale Liebe, die Gott zu allen Menschen hat, bewahrt sie davor, von Bösem zu noch Böserem zu schreiten. Die Bibel zeigt uns, daß sich die Menschen schon längst selbst zugrunde gerichtet und alle Zivilisation auf der Erde zerstört hätten, wenn Gott der Sünde nicht Einhalt gebieten würde. Daß die Menschheit aber noch besteht und ein gewisses Miteinander noch möglich ist, hängt mit der

Freundlichkeit Gottes, mit Seiner Langmut und Liebe zusammen, von der alle profitieren.

Obwohl nach der Diagnose der Bibel alle Menschen ohne Ausnahme absolut verdorben sind (Römer 3,10-18), hat Gott ihnen dennoch einen gewissen Sinn für Recht und Unrecht gegeben, auch haben sie noch ein Stück ethisches Empfinden und ein gewisses Maß an Gewissen (vgl. Römer 1,32). Auch dies alles ist Ausdruck der allgemeinen *„Freundlichkeit und Menschenliebe Gottes" (Titus 3,4)* zu allen Menschen.

Wenn wir von der allgemeinen Freundlichkeit Gottes reden, wird oft sehr schnell gefragt, wie angesichts so vielen Leides in der Welt noch davon die Rede sein könne, daß Gott alle Menschen liebe. Diesen Zweiflern möchte ich allerdings zu bedenken geben, daß wir Leid von Wohlergehen nur deshalb unterscheiden können, weil es trotz des Elends in der Welt auch noch viel Freude und Glück gibt. Wir erkennen das Häßliche und Unglückliche doch nur dadurch, daß Gott uns auf der anderen Seite auch noch Glück und Segen gibt. Wenn wir verstehen, daß die gesamte Menschheit rebellisch und aufsässig gegen Gott und Sein Gebot ist und sie deshalb absolut keinerlei Segen, sondern Strafe und Gericht, ja Gottes Zorn verdient hat, dann ist es ein gewaltiges Zeichen von Gottes Liebe und Güte gegen alle Menschen, daß immer noch aus jedem Abend ein Morgen wird und aus jedem Morgen immer wieder ein Abend und daß die Sonne über Gute und Böse scheint (Matthäus 5,45). Paulus beschreibt diese allgemeine Gnade den bis dahin ungläubigen Einwohnern von Lystra, indem er sie auffordert, *„... daß ihr euch bekehren sollt ... zu dem lebendigen Gott. ... und doch hat er sich selbst nicht unbezeugt gelassen, hat viel Gutes getan und euch vom Himmel Regen und fruchtbare Zeiten gegeben, hat euch ernährt und eure Herzen mit Freude erfüllt" (Apostelgeschichte 14,15-17).* Wir sehen also, daß Gott die Welt wirklich liebt.

Aber Gott erweist Seine Liebe auch durch Seine **Einladung zu Christus**, die ausnahmslos allen Menschen gilt. Die Einladung des Evangeliums richtet sich nicht an eine exklusive Gruppe, sondern sie soll allen Völkern und Nationen gegenüber ausgesprochen werden. Deshalb lautet auch der große Missionsbefehl Jesu: *„Gehet hin in alle Welt und predigt das Evangelium aller Kreatur“ (Markus 16,15)*. Und deshalb wende auch ich mich in meiner Evangelisationsarbeit ohne Ausnahme an alle Menschen. Diesen Auftrag hat Gott gegeben, weil Er aufrichtig und ehrlich alle Menschen liebt.

In einem Gleichnis erzählt Jesus von einem Hochzeitsmahl, das der König seinem Sohn ausrichten wollte (Matthäus 22,1-14). Aber jeder der Geladenen hatte eine Entschuldigung, und keiner kam. Sie folgten der liebenden Einladung Gottes nicht, sondern töteten am Ende gar die Knechte, die die Einladung überbracht hatten. So befahl denn der König: *„Darum geht hinaus auf die Straßen und ladet zur Hochzeit ein, wen ihr findet“ (Matthäus 22,9)*. Dieses Gleichnis will die weltumspannende Liebe Gottes deutlich machen. *„Denn so sehr hat Gott die Welt geliebt ...“*, daß der Ruf zum rettenden Glauben allen gilt – allen Völkern und Nationen, allen Männern und Frauen, allen Großen und Kleinen. Und auch allen Reichen und Armen ist die Botschaft des Evangeliums gegeben, auch denen, die nicht wollen. Welch eine großartige Liebe von Gott zeigt sich in dieser Einladung, die niemanden ausschließt, auch dich nicht. Denn auch du genießt bei allen Widerwärtigkeiten des Lebens täglich die Güte und Liebe Gottes.

Die Liebe Gottes kommt nicht bei allen zur Wirkung

Wir haben in dem soeben beschriebenen Gleichnis gesehen, daß zwar alle eingeladen waren, aber nicht alle der Einladung folgten. Mehr noch, die Verweigerer brachten die einladenden Boten sogar um. Damit will unser Herr Jesus Christus klarmachen, daß es viele Menschen genau so mit der liebenden Einladung zum himmlischen Hochzeitsfest machen. Sie glauben nicht, sondern sie verwerfen den Sohn Gottes und kreuzigen Ihn für sich persönlich nochmals in ihren Herzen. Und spätestens an dieser Stelle lohnt es sich, Johannes 3,16 etwas genauer anzuschauen. Denn dort heißt es, daß Gott die Welt so sehr geliebt hat, daß Er Seinen eingeborenen Sohn gab, *„damit **alle**, die an ihn **glauben**, nicht verloren werden, sondern das ewige Leben haben“*. Beachte bitte, daß der Text nicht sagt, daß alle –

sämtliche Bewohner der Erde – das ewige Leben haben. So beschreibt der Vers die Liebe Gottes nicht. Er liebt wohl alle im allgemeinen, Er gewährt ihnen allen täglich tausendfach Güte und Barmherzigkeit, Er lädt sie alle zum Evangelium ein, aber nicht alle haben ewiges Leben, sondern nur die, die glauben.

Was sagt uns das? Grundsätzlich gehen alle Menschen verloren. Das ist eines jeden Ausgangssituation, eines jeden Geschick (vgl. Johannes 3,36). Die Bibel lehrt uns, daß wir alle gegen den heiligen und gerechten Gott gesündigt haben, so daß Sein Zorn die gerechte Reaktion ist, wie auch ein Richter zu Recht einen Gesetzesbrecher verurteilt. Gott ist zunächst also einfach gerecht zu uns. Deshalb ist Verdammnis nichts Ungerechtes, sondern etwas Gerechtes. Ewige Verlorenheit entspricht aus der Sicht Gottes Seiner heiligen Gerechtigkeit. Wenn Gott uns überhaupt etwas schuldet, ist es Seine Gerechtigkeit – und die gewährt Er jedem Menschen in der gerechten Strafe der Verwerfung. Diese Ausgangslage ist unser größtes menschliches Elend.

Aber Gerechtigkeit ist nicht Gottes letztes Wort. Denn Er schenkt etwas, wozu Er nun wahrlich nicht verpflichtet ist, nämlich Liebe. Um Christi willen lädt Gott uns ein, aus diesem Fluch der gerechten Verurteilung herauszukommen und ewiges Leben bei Ihm zu finden! Seine Liebe ist so groß, daß sie sagt: „Ihr seid alle eingeladen." Aber statt zu kommen, statt zu glauben und zu vertrauen, verachten Menschen diese Liebe und treten sie mit Füßen. Wenn sie aber Gottes Liebe nicht wollen, müssen sie mit Seiner Gerechtigkeit vorliebnehmen. Und was das bedeutet, haben wir gerade eben gesehen. Gottes Gerechtigkeit bedeutet Verdammnis. Ich höre immer wieder die These, daß Gottes Liebe zu allen Menschen – auch zu den Gottlosesten – grenzenlos sei. So schrieb eine evangelische Bischöfin in einer Hamburger Tageszeitung, daß sich jeder Mensch für immer von Gott geliebt wissen dürfe. Und ihre Begründung ist natürlich Johannes 3,16. Aber dieser Vers von Gottes weltumspannender Liebe ist es doch selbst, der eben nicht sagt, daß sich jeder Mensch für immer von Gott geliebt wissen darf, sondern nur der, der glaubt. Wer die rettende Liebe in Jesus Christus nicht haben will, dem bleibt nur noch die Gerechtigkeit des Allmächtigen. Dann wehe ihm!

Ich möchte die Liebe Gottes zu allen Menschen einmal mit der Sonne vergleichen. Sie wärmt uns, schafft Licht für alle, sie gibt die Reife für die Früchte. Ja, man kann sagen, sie übt „Liebe“ an allen Menschen. Aber leider mißverstehen manche Menschen diese „Liebe“ der Sonne. Sie vergessen, daß sie Feuer ist und daß ihre Strahlen auch töten. Deshalb sollte man sich der Hitze der Sonne nicht ohne Schutz aussetzen. Man sollte sich zum Schutz vor ihr bedecken, mit entsprechender Kleidung, mit Sonnenschutzöl oder auch durch Schatten. Wer das nicht tut, wer also nicht angemessen mit der Sonne umgeht, läuft Gefahr, sich zu verbrennen und möglicherweise an Hautkrebs zu erkranken. Im übertragenen Sinne sollte man sich so auch Gott, der *„Sonne der Gerechtigkeit“ (Maleachi 3,20)*, gegenüber verhalten. *„Denn unser Gott ist ein verzehrendes Feuer“ (Hebräer 12,29).*

Wenn du die Liebe und den Segen der göttlichen Sonne genießen willst, ist dir eine Schutzmaßnahme anzuraten – und die heißt Jesus Christus. Durch Ihn erhältst du das bedeckende Kleid der Gerechtigkeit, mit dem du vor dem Licht Gottes bestehen kannst. Und wer diesen Christus verwirft, der muß eben ungeschützt der Gerechtigkeit Gottes begegnen und leider umkommen. Ewiger Tod ist also keine Grausamkeit Gottes, sondern einfach nur normale Reaktion darauf, daß ein Mensch Realitäten verachtet. Ewige Verlorenheit ist einem Menschen zu vergleichen, der nackt in eine Feuersbrunst hineinläuft. Die Folge ist zwar sehr tragisch, aber logisch wie die Wirkung eines Naturgesetzes. Und wie man beim Feuertod eines solchen Menschen nicht das Feuer beschuldigen würde, so sollte man es auch unterlassen, Gott zu beschimpfen. Besser wäre es, dem Angebot Seiner Liebe zu folgen und den Schutzanzug der Gerechtigkeit Christi anzunehmen. Denn darin besteht die Krone der Liebe Gottes.

Menschen, die nun diese Liebe Gottes ablehnen, bringen – menschlich gesprochen – Gott in einen inneren Konflikt. Wir haben bereits den reichen Jüngling erwähnt, der Jesus verworfen hatte.[9] Das hielt den Heiland aber nicht davon ab, ihn immer noch zu lieben. Es war aber keine rettende Liebe, sondern eher Mitleid. Ich glaube, es war eine Liebe mit Schmerzen, mit der Jesus den davongehenden jungen Mann liebte. Denn wenn dieser sympathische Mann die Liebe Gottes verwirft, bleibt auch ihm nur die Begegnung mit der heiligen und verzehrenden Gerechtigkeit Gottes. Obwohl Jesus das für den jungen Mann sehr leid getan hat, wollte Er es dennoch nicht ändern. Denn auch der Sohn Gottes steht zur heiligen Gerechtigkeit Seines Vaters und stimmt schließlich dem ewigen Tod des Sünders zu.

Es gibt einen Bericht über den ersten Präsidenten der USA, George Washington, der sich gut für eine Illustration unseres Themas eignet: Ein gewisser Major Andre hatte – obwohl ein guter Freund Washingtons – durch verhängnisvolle verräterische Handlungen die Sicherheit und Freiheit des jungen Amerika aufs Spiel gesetzt. Nun sollte der Präsident den Hinrichtungsbefehl gegen seinen Freund unterschreiben. Er liebte ihn selbstverständlich immer noch und hatte tiefes Mitgefühl mit dem zum Tode Verurteilten. Aber die höheren Forderungen, die sich aus seiner Pflicht und dem bestehenden Recht ergaben, ließen nichts anderes zu, als aus moralischer Entrüstung und aus einer höheren Liebe zu seinem Volk den geliebten Freund, aber auch Verräter, der Hinrichtung preiszugeben.[10]

So wie der Präsident zweierlei Empfindungen bezüglich seines Freundes hatte, so liebt auch Jesus den unbußfertigen Sünder immer noch und hat aufrichtiges Mitleid mit ihm. Aber weil der Betreffende die heilige Gerechtigkeit Gottes verrät und obendrein noch die Gnade und Liebe des Herrn mit Füßen tritt, darum unterschreibt auch Christus aus Gründen des göttlichen Rechts das Urteil des ewigen Todes, wenn auch mit schwerem Herzen. Das heißt, Gott kennt keine Liebe, die das Recht bricht. Da hört die Liebe auf, wenn auch das Mitleid bleibt.

---

[9] Siehe Seite 22

[10] nach John Piper. („Gibt es zwei Willen in Gott?"). in: Thomas R. Schreiner, Bruce A. Ware (Hrsg.). The Grace of God, the Bondage of the Will: Biblical and Practical Perspectives on Calvinism: 001. Baker Book: 1995. S. 107-131, hier S. 128 [ziemlich am Ende des Kapitels]

Vor diesem Hintergrund sind die ergreifenden Worte zustande gekommen, die Jesus weinend aussprach: *„Jerusalem, Jerusalem, die du tötest die Propheten und steinigst, die zu dir gesandt sind! Wie oft habe ich deine Kinder versammeln wollen, wie eine Henne ihre Küken versammelt unter ihre Flügel; und ihr habt nicht gewollt!" (Matthäus 23,37)*. Wir wissen, wie wenig später das Gericht Gottes über sie hereinbrach und wie sie im Unglauben untergingen. Gott liebte sie im Sinne von Mitleid, aber es war keine rettende Liebe. Denn die gibt es bei Gott nicht ohne Gerechtigkeit und Wahrheit. Genauso klagte der Herr schon im Alten Testament: *„Meinst du, daß ich Gefallen habe am Tode des Gottlosen, spricht Gott der HERR, und nicht vielmehr daran, daß er sich bekehrt von seinen Wegen und am Leben bleibt?" (Hesekiel 18,23)*. Nein, Gott will nicht den Tod des Gottlosen, denn Er liebt ihn. Darum erweist Er ihm soviel Güte und Langmut, so auch dem Volk Israel im Alten Testament. *„Aber sie waren widerspenstig und betrübten seinen* ***heiligen*** *Geist; darum ward er ihr Feind und stritt wider sie" (Jesaja 63,10)*. Hast du es gelesen? Gott wurde ihr Feind.

An anderer Stelle heißt es: *„Da entbrannte der Zorn des HERRN über sein Volk, und sein Erbe wurde ihm zum Abscheu" (Psalm 106,40)*. Entsprechend dieser Worte gingen tatsächlich alle – bis auf einen auserwählten und begnadeten Überrest – verloren. Gott liebt, ja Er liebt. Er liebt auch dich. Aber habe keine falsche Vorstellung von Seiner Liebe. Es gibt sie nicht auf Kosten von Gottes Gerechtigkeit. Sein Herz ist bekümmert um dich, ja Er weint um dich, wie einst über Jerusalem, aber Er muß dich richten. Er tut es mit Schmerzen, aber Er muß dich verurteilen. *„Der HERR ist langmütig und von großer Kraft; aber er läßt gewiß nicht ungestraft" (Nahum 1,3; Sch)*. Deshalb: Gott lädt dich ein. Aber wisse, daß Gott nicht nur Liebe ist, sondern daß Er auch der Gerechtigkeit verpflichtet ist.

Die Liebe ist weltumspannend im allgemeinen Sinn. Denn alle Menschen nehmen teil am Segen des Lebens, und alle sind auch eingeladen zur Errettung. Aber leider kommt diese allgemeine Liebe und Gnade Gottes nicht bei allen Menschen zur Wirkung, da sie Christus verwerfen und Ihm nicht glauben.

Gottes besondere Liebe

Wir haben im vorangegangenen Kapitel Gottes weltumspannende Liebe besprochen, die allgemein allen Menschen gilt. Wir haben auch gesehen, daß die Einladung zu Christus ebenfalls aufgrund der Liebe Gottes für alle Menschen gedacht ist. Wir mußten aber auch erkennen, daß diese Liebe nicht bei allen Menschen so weit geht, daß sie tatsächlich errettet werden. Daher zeigt uns die Heilige Schrift noch eine andere Qualität der Liebe Gottes als nur Seine allgemeine Liebe. Das geht schon aus der Standardbibelstelle Johannes 3,16 hervor. Schauen wir uns diesen Vers wiederum genauer an: *„Denn so sehr hat Gott die Welt geliebt, daß er seinen eingeborenen Sohn gab, damit jeder, der an ihn glaubt, nicht verloren geht, sondern ewiges Leben hat" (Johannes 3,16; Elb).* Im universellen, allgemeinen Sinn liebt Gott die ganze Welt. Aber die, die an Ihn glauben, errettet Er auch. Das heißt, zu ihnen hat Gott eine **besondere** Liebe. Und die wollen wir uns jetzt näher anschauen.

Wen die besondere Liebe Gottes betrifft

Auch in unserem praktischen Leben machen wir die Unterscheidung von allgemeiner und besonderer Liebe. Ich habe drei Kinder. Allgemein gesprochen kann ich sagen, daß ich alle Kinder dieser Welt liebe. Zu meinen drei eigenen Kindern habe ich aber eine besondere Liebe. Das ist doch ganz normal, oder ist mir deshalb jemand böse? Wahrscheinlich nicht. Aber ist eine solche Unterscheidung nicht doch irgendwie ungerecht? Verletzt sie nicht das Gleichheitsprinzip? Nein, sie entspricht vielmehr unserem natürlichen Leben. Im allgemeinen Sinne sollen wir alle Menschen lieben, aber zu deiner Mutter, deiner Frau, deinem Mann, deinen Kindern hast du unweigerlich eine besondere Beziehung. Mit ihnen verbindet dich eine exklusive Liebe, die tiefer und weiter geht als die allgemeine Liebe zu allen Menschen. Wollten wir nun Gott verwehren, was für uns Menschen selbstverständlich ist? Die Heilige Schrift offenbart uns an vielen Stellen sehr deutlich: Gott liebt die ganze Welt, alle Menschen. Er lädt sie ein, Er ist langmütig mit allerlei Segen und Erhaltung dieses Lebens. Aber Er hat eine spezielle Liebe für Seine Kinder, für Seine Familie – das sind die Glaubenden. Das sind die Menschen, die durch den Heiligen Geist zu Seiner Verwandtschaft gehören, zu Seinem Volk. Diese sind es, die der Herr Jesus Christus sich aus allen Völkern und Nationen zu Seiner Braut erwählt hat. Und die hat Er sich am Kreuz von Golgatha mit Seinem teuren Blut erkauft.

Wie diese besondere Liebe entstanden ist

Wie diese besondere Liebe entstanden ist, können wir am Volk Israel sehen, welches Er aus freien Stücken erwählt und herausgeliebt hat: *„Nicht hat euch der HERR angenommen und euch erwählt, weil ihr größer wäret als alle Völker – denn du bist das kleinste unter allen Völkern –, sondern weil er euch geliebt hat“ (5. Mose 7,7-8a).* Gott hat also Israel erwählt, weil Er es geliebt hat. Ja, hat Gott denn die anderen Völker nicht geliebt? Im allgemeinen Sinn hat Gott alle Völker geliebt, aber im speziellen Sinn hat Gott nur Israel geliebt, was der Herr auch wörtlich ausdrückt: *„... der Herr hat* ***allein*** *zu deinen Vätern Lust gehabt, daß er sie liebte“ (5. Mose 10,15; Sch).* Ich weiß, daß ein solches Verhalten Gottes uns Menschen nicht schmeckt. Denn wie kann Er einfach ein besonderes Liebesverhältnis zu einem einzelnen Volk haben, zu dem Er alleine Lust hat, und nicht zu den anderen auch? Natürlich liebt Gott die ganze Welt, aber Israel hatte Er sich zu Seinem Eigentumsvolk erwählt. Einfach weil es Ihm gefiel, hatte Er Lust, dieses Volk allein mit einer besonderen Liebe zu lieben. Der Herr darf das, weil Er ewiger und souveräner Gott ist.

Wir müssen an dieser Stelle allerdings darauf achtgeben, daß die Heilige Schrift zwischen der ganzen Nation Israel und dem sogenannten Überrest in Israel unterscheidet, sowohl im Alten als auch im Neuen Testament[11]. Wenn man das nicht tut, wird es schwierig zu verstehen, daß Israel einerseits Verstockung

---

[11] Zum Thema Überrest lies auch noch: Jesaja 1,9; Jesaja 10,21; Römer 9,27-29; Römer 11,1-10. Zum Thema zweierlei Israel: Römer 9,6-13; Galater 3,7.

und Verwerfung zuteil geworden ist (Römer 11,7-10+15), andererseits jedoch Glauben und Annahme durch Christus, ihren Messias. Wir haben nämlich auch innerhalb des Volkes Gottes beides abgebildet – die allgemeine Liebe Gottes zu dem ganzen Volk als irdische Nation, aber auch die besondere Liebe zu den auserwählten Glaubenden innerhalb des Volkes, wie wir es analog auch an der ganzen Welt und der auserwählten Gemeinde sehen können. Das ist der Grund, weshalb Paulus lehrt: *„Denn nicht alle sind Israeliten, die von Israel stammen" (Römer 9,6)*. Nicht alles, was natürlich in Israel geboren ist, ist in Gottes Augen wirklich Israel, sondern es gibt innerhalb des jüdischen Volkes ein Israel nach dem Fleisch und eines nach dem Geist. Darum heißt es auch: *„... die aus dem Glauben sind, das sind Abrahams Kinder" (Galater 3,7)*.

So wie Gott einfach in Seiner Souveränität zwischen dem einen Volk und den anderen Völkern in der Welt unterscheidet, so unterscheidet Er auch innerhalb Israels. Auf der einen Seite war das ganze Volk, auf der anderen Seite aber *„die Kinder der Verheißung" (Römer 9,8; vgl. V. 7-8)* mitten in Israel. Vor diesem Hintergrund dürfen wir auch den Satz verstehen: *„Jakob habe ich geliebt, aber Esau habe ich gehaßt" (Römer 9,13)*. Jakob repräsentiert das geistliche Israel, den Überrest, der im Glauben an den Sohn Gottes lebt. Und weil über Israel hinaus auch Menschen aus anderen Nationen diesen rettenden Glauben finden, darum steht Jakob für alle Wiedergeborenen, die aus Gnade mit der besonderen Liebe Gottes geliebt werden.

Esau wiederum repräsentiert das natürliche Israel und auch alle anderen natürlich geborenen Menschen, die nicht zum Hochzeitsfest des Messias kommen und die nicht aus der Gnade des Glaubens leben wollen. Er steht für alle die, die aus eigener Kraft gerecht werden wollen. Das heißt, Esau dient einer gemeinen Lüge, nämlich der, daß ein Mensch aus sich selbst heraus durch das Halten der Gebote, also durch Gesetzeswerke, vor Gott gerecht werden und so gerettet werden könnte. Und die Menschen, die die Gnade Gottes auf diese Weise verachten und mit Füßen treten, verpassen die besondere Liebe des Allerhöchsten, ja, die haßt Er. Gott haßt es, wenn ein Mensch versucht, die heilige Gerechtigkeit, die dem Allerhöchsten allein eigen ist, durch sich selbst zu beschaffen und nicht durch das Vertrauen auf die Gerechtigkeit Christi, die Er aus Gnade für uns erworben hat. Darum wird die sogenannte Werkegerechtigkeit in der Bibel als das größte Übel und als die schlimmste Sünde bezeichnet, die Gott aufs tiefste verabscheut. Aber diejenigen, die begnadet sind, Christus als ihrer Gerechtigkeit zu vertrauen, die sind Geliebte Gottes, die sind Seine Kinder und Seine besonders geliebte und auserwählte Braut.

Auf die Frage, wie denn Gottes besondere Liebe zu einem Menschen entsteht, kann man zusammenfassend sagen: Nicht durch Verdienst oder vorteilhaftes Verhalten, sondern allein durch Gottes freie Gnade, die Er dem zuwendet, dem Er sie schlicht nach dem Wohlgefallen Seines Willens zuwenden will. Darum heißt es unmißverständlich: *„Wem ich gnädig bin, dem bin ich gnädig; und wessen ich mich erbarme, dessen erbarme ich mich“ (Römer 9,15).* Deshalb beantwortet Paulus auch die Frage, warum Gott denn Jakob liebte und Esau haßte, mit den Worten: *„... damit der Ratschluß Gottes bestehenbliebe und seine freie Wahl“ (Römer 9,11).* Und so kann man auch sagen, daß die besondere Liebe Gottes zu einem Menschen einfach durch Seine Auserwählung besteht.[12]

Die Qualität der besonderen Liebe Gottes

Wie schon erwähnt, besteht die Qualität der besonderen, rettenden Liebe Gottes darin, daß sie eine ewige Liebe ist; das heißt, sie hat nie begonnen und hört niemals auf. Diese Liebe von Gott zu Seinen Kindern war, ist und bleibt immer. Ich erinnere noch einmal an das Wort: *„Mit ewiger Liebe habe ich dich geliebt.“* Oder anders übersetzt: *„Ich habe dich je und je geliebt ...“ (Jeremia 31,3).* Also auch schon vor Grundlegung der Welt hat die Liebe Gottes zu Seinen Auserwählten bestanden, das heißt, Er hat sie ihnen geschenkt, bevor sie davon etwas wußten.

[12] Mehr zu diesem Thema findet sich in dem Buch: Wolfgang Wegert. Das Evangelium kennen und genießen. arche-medien: Hamburg, 2004

Auf ergreifende Weise läßt Gott diese Seine besondere Liebe schon im Alten Testament durch den Propheten Hesekiel beschreiben. Lies einmal in Ruhe die folgenden Bibelverse:

„Bei deiner Geburt war es so. Am Tag, als du geboren wurdest, wurde deine Nabelschnur nicht abgeschnitten; auch hat man dich nicht mit Wasser gebadet, damit du sauber würdest, dich nicht mit Salz abgerieben und nicht in Windeln gewickelt. Denn niemand sah mitleidig auf dich und erbarmte sich, daß er etwas von all dem an dir getan hätte, sondern du wurdest aufs Feld geworfen. So verachtet war dein Leben, als du geboren wurdest. Ich aber ging an dir vorüber und sah dich in deinem Blut liegen und sprach zu dir, als du so in deinem Blut dalagst: Du sollst leben! Ja, zu dir sprach ich, als du so in deinem Blut dalagst: Du sollst leben" (Hesekiel 16,4-6).

Was soll Hesekiel mit diesen Worten eigentlich mitteilen? Er beschreibt den Zustand aller Glaubenden aus Israel und aus den Nationen vor ihrer Errettung. Diese geistlichen Kinder Abrahams waren einst von Natur aus so sehr in Sünde und Schande geboren, daß sie elendig verloren waren – wie ein neugeborenes Baby, das weggeworfen wurde. Unser aller Elend war so groß wie das des soeben beschriebenen Kindes, das in seinem Blut liegt, nicht gebadet, nicht gereinigt, sondern sofort nach seiner Geburt ausgesetzt, ja schlimmer noch, aufs Feld geworfen wird. Wer, außer Hunden und Schakalen, sollte diese schrecklich zugerichtete Ausgeburt überhaupt finden, geschweige denn aufheben und mit nach Hause nehmen? Niemand tat das. Aber gelobt sei der Herr, Er tat es. Er suchte und fand Sein elendes Israel. Eine so ungestaltete Masse von Blut waren Seine Kinder alle. So ekelhaft, wie du, lieber Christ, in deiner Sündhaftigkeit auch anzusehen warst, liebte dich dein Gott mit unglaublicher Liebe und verkündete: *„Ich aber ging an dir vorüber und sah dich in deinem Blut liegen und sprach zu dir, als du so in deinem Blut dalagst: Du sollst leben!" (Hesekiel 16,6).* So also ist die besondere Liebe. Sie übersteigt einfach alle menschliche Vernunft.

Aber das Wesen der Liebe Gottes ist hiermit noch längst nicht ausreichend beschrieben. In den folgenden Kapiteln wird erklärt, wie Gott dieses geliebte und auserwählte Israel pflegt, erzieht, kleidet, segnet. Aber was macht Israel? Sie gehen die Wege der Hurerei, des Götzendienstes, sie geben ihre Kinder dem Moloch, und sie unterwerfen sich fremden Religionen und Götzen. Der Herr ist entrüstet, eigentlich müßte Er dieses geliebte und auserwählte Israel verwerfen. Und doch spricht der Herr trotz des schrecklichen Ungehorsams Seiner Kinder von Seinem Bund, den *„ich mit dir geschlossen habe zur Zeit deiner Jugend, und will mit dir einen ewigen Bund aufrichten. ... damit du daran denkst und dich schämst und vor Scham deinen Mund nicht mehr aufzutun wagst, wenn ich dir alles vergeben werde, was du getan hast, spricht Gott, der HERR" (Hesekiel 16,60+63).* Gottes Antwort auf unsere immer wiederkehrende Sünde und Schande auch als Christen ist umwerfend. Er antwortet nicht mit Zorn und Gericht, wie bei den Ungläubigen, sondern mit den Worten: *„Ich will aber gedenken an meinen Bund"* und *„ich werde dir alles vergeben"*. Wer kann eine solche Liebe begreifen? Sie ist ein tiefes Geheimnis im innersten des Herzens Gottes. Seine Liebe zu Seinen Auserwählten ist eine unerklärliche Leidenschaft. Ich kann den Liederdichter, Gerhard Tersteegen, verstehen, der gesungen hat[13]:

ICH BETE AN DIE MACHT DER LIEBE,
DIE SICH IN JESUS OFFENBART.
ICH GEB' MICH HIN DEM FREIEN TRIEBE,
MIT DEM ICH WURM GELIEBET WARD.
ICH WILL, ANSTATT AN MICH ZU DENKEN,
INS MEER DER LIEBE MICH VERSENKEN.

Es gibt auch beim Propheten Hosea einen Bericht, der die alles übersteigende Liebe Gottes zu Seinen Kindern beschreibt und der sehr zu Herzen geht.[14] Der Prophet Hosea bekommt von Gott den Befehl, eine Prostituierte zu heiraten. Hosea tut das. Er umsorgt seine Frau und hofft auf Treue und liebt sie und versucht, ein gesegnetes Familienleben aufzubauen. Sie bekommt auch verschiedene Kinder von ihm. Aber es dauert nicht lange, dann fängt diese Frau wieder an, die alten Wege einzu-

---

[13] Pfingstjubel. Missionsverlag: Niedenstein, 1990[15]. Nr. 21

[14] Lies Hosea Kapitel 1 und weiter ab Kapitel 3

schlagen. Sie verläßt das Haus, hängt ihren Freiern an, läßt sich sexuell und finanziell ausbeuten. Sie landet in der Gosse, wie es schlimmer nicht sein kann. Und was macht Hosea, der ein Bild auf Christus hin ist? Ohne daß sie es weiß, versorgt er sie mit Nahrung und Kleidung. Eines Tages kommt Hosea auf den Sklavenmarkt. Wen sieht er da? Seine Frau, die Gomer, die in die Hände von Sklavenhändlern geraten war. Das war ihr Ende. Dann hat Hosea aber nicht gesagt: „So weit ist sie nun also gekommen." Es wäre Gerechtigkeit gewesen, ihr ins Gesicht zu spucken und zu sagen: „Nichts anderes als das hast du verdient." Aber was hat Hosea gemacht? Im Auftrag Gottes kaufte er diese wilde und treulose Frau zu einem sehr teuren Preis frei und holte sie wieder zu sich nach Hause zurück. Diese dramatische Geschichte findet mit folgenden, ergreifenden Worten ihr Ende, die der Herr nicht nur zu dem geliebten Überrest in Israel, sondern auch zu allen Seinen Auserwählten spricht: *„Wie könnte ich dich hergeben, Ephraim, wie könnte ich dich preisgeben, Israel? Wie könnte ich dich behandeln gleich Adma, dich machen wie Zeboim. Mein Herz sträubt sich dagegen, mein ganzes Mitleid ist erregt! ... Denn ich bin Gott und nicht ein Mensch ..." (Hosea 11,8-9; Sch).* Was war bloß an Gomer, daß Hosea nicht aufhörte, sie zu lieben? Was ist bloß an dir und mir, daß unser Heiland Jesus Christus nicht aufhört, uns zu lieben? Nichts ist an uns, sondern wir sind schuldig, Verräter und Treulose. Aber Gott hält Seinen Bund, Seine ewige Zusage, die Er Seinen Kindern gegeben hat.

Spricht möglicherweise der Heilige Geist jetzt auch zu dir, liebe Seele? Bist du dem Herrn nicht auch untreu geworden, hast du Seine Liebe nicht auch mit Füßen getreten? Aber wisse, Gott gibt dich nicht auf, niemals. Er kauft dich zurück, denn: *„Wie er die Seinen geliebt hatte, ... so liebte er sie bis ans Ende" (Johannes 13,1; Sch2000).* Da war der auserwählte Überrest in Israel, da war ein Abraham mit seiner Schande, da war ein David mit seinem Verbrechen, ein Mose mit seinem Versagen, und auch der vielfach in Sünde gefallene Salomo ist Teil des Stammbaumes Jesu. Da waren sie alle, nicht viel Edle nach dem Fleisch, nicht viel Würdige, nicht viel Kluge und viel Weise, sondern von den Straßen und Zäunen, von den Hecken und

Kreuzungen sind sie gekommen. Und der Herr Jesus sagt zu dir: *„Wie könnte ich dich hergeben, Ephraim? Wie könnte ich dich preisgeben, Israel? ... Mein Herz sträubt sich dagegen. Mein ganzes Mitleid ist erregt.“* „Meine Liebe zu dir ist doch eine ewige Liebe. Ich habe einen Bund mit dir gemacht, und Ich werde dir verzeihen. Ich werde dich zurückbringen, Ich werde dich zurechtbringen.“

Liebe Leserin, lieber Leser, das ist nicht die allgemeine Liebe, mit der Gott die Welt liebt. Das, wovon wir eben gesprochen haben, ist die Herzensliebe eines Bräutigams, ist die Passion des lebendigen Gottes, dem es gefallen hat, in Seinem Herzen eine Braut zu lieben. Und das ist die armselige, verachtete, sündige, schmutzige Gemeinde Jesu Christi, die nicht in den Himmel kommt wegen ihres Wertes, sondern die in den Himmel kommt wegen Seiner ewigen, unwandelbaren, unverbrüchlichen Liebe. Das ist Evangelium. Deshalb sage ich dir: Glaube von Herzen an den Herrn Jesus Christus und setze dein ganzes Vertrauen ausschließlich auf Ihn, dann gehörst du nicht zu Esau, den Gott gehaßt hat, sondern zu Jakob, den Er geliebt hat.

Gottes Liebe und Strenge

Als junger Christ kam ich eines Sonntags aus dem Gottesdienst und begegnete auf dem Wege einer älteren Glaubensschwester, die so gar nicht mit der eben gehörten Predigt einverstanden war, die über Gottes ernstes Gericht handelte. Regelrecht erregt rief sie: „Und dabei steht doch soviel über die Liebe Gottes in der Bibel!“ Gewiß ist es wahr, daß viel von der Liebe Gottes in der Bibel steht, aber wahr ist auch, daß in ihr ebensoviel vom Gericht zu lesen ist.

Gottes Liebe ist kein Widerspruch zu Seinem Gericht

Wie wir eben gesehen haben, kommen nicht nur Ungläubige, sondern auch so manche Christen mit der Vorstellung nicht zurecht, daß ein liebender Gott auch empfindlich strafen kann. Lesen wir aber einmal folgendes Wort: *„So sieh nun die Güte und die Strenge Gottes; die Strenge gegen die, welche gefallen sind; die Güte aber gegen dich, sofern du bei der Güte bleibst, sonst wirst auch du abgehauen werden“ (Römer 11,22; Sch2000)*! Wir haben also in einem einzigen Vers beide Ausdrücke: Gottes Güte und Gottes Strenge. Diese beiden Eigenschaften des Herrn stehen einfach so beieinander, und zwar positiv, ohne sich zu widersprechen.

Die Bibel zeigt uns also, daß alle verschiedenen Wesenszüge, die in Gott sind, in völliger Harmonie miteinander zusammenwirken. Das heißt, Gott ruht in sich selber. Es ist kein Konflikt in Ihm. Er ist voller Friede. Zwischen Seiner Güte und Liebe einerseits und Seiner Gerechtigkeit und Seinem Zorn andererseits besteht keinerlei Spannung.

Deshalb ist es auf der einen Seite recht, einem Menschen zu sagen: „Gott liebt Dich.“ Es ist auf der anderen Seite aber ebenso richtig zu sagen: „Gott ist zornig über Dich!“ Das ist kein Widerspruch, sondern es liegt beides im Wesen Gottes. Beides muß gesagt werden und nicht nur das eine oder das andere. Denn die Bibel offenbart sowohl die Güte Gottes als auch Seine Strenge.

In der Kirchengeschichte ist das leider nicht immer so ausbalanciert gesehen worden. Es gab Zeiten, da wurde Gott fast nur als äußerst hart und nahezu grausam dargestellt. Es ist erstaunlich, daß der Herr unter solchen gnadenlosen Gerichtspredigten dennoch Seine Barmherzigkeit erwies und Menschen errettete. Heute ist man leider durch den modernen theologischen Liberalismus in das absolut gegenteilige Extrem geraten. Man träumt von einer sentimentalen Liebe, die Gott habe, so als sei sie eine nachgiebige und nur wohlwollende Weichheit, die überhaupt nicht an ethischen und moralischen Normen interessiert sei. Man möchte auch nicht, daß sich Menschen beim Gedanken an Gott unwohl fühlen und es für ihr Gewissen unangenehm wird. Das könnte ja schlußendlich ihrem Selbstwertgefühl schaden. Und so gießen großzügige Theologen heutzutage die Liebe Gottes wie Sirup über die Welt, bis einem schlecht davon wird. Nein, Gott ist nicht nur Güte, sondern auch Strenge. Andererseits ist Er aber wiederum nicht nur Strenge, sondern auch Güte.

Beim Thema Liebe wird nicht selten zwischen den beiden Testamenten der Heiligen Schrift ein Konflikt konstruiert, so als würde das Alte Testament einen hartherzigen und vergeltungssüchtigen Gott verkündigen, der kein Erbarmen kennt. Im Neuen Testament jedoch, so wird geglaubt, habe sich Gott „gebessert". Dort endlich sei Er zur Güte und Liebe übergegangen. In den Evangelien habe Gott Jesus gesandt, und nun wäre alles nur noch Liebe, und die Strenge Gottes gäbe es nicht mehr.

Woher kommt solch ein Denken nur? Denn das Alte Testament ist doch bis zum Rand gefüllt mit dem Thema der Güte, Freundlichkeit und Liebe Gottes. Es spricht kein Wörtchen weniger von Gottes Erbarmen als das Neue Testament. Mehr als einhundertundfünfzig Mal, so haben Bibelkenner herausgefunden, kommen im Alten Testament die Begriffe Liebe oder Güte Gottes vor. Nehmen wir nur das Wort aus dem Buch der Klagelieder: *„Die Güte des HERRN ist's, daß wir nicht garaus sind, seine Barmherzigkeit hat kein Ende" (Klagelieder 3,22).* Klingen solche Worte nach Rache und Vergeltung? Wohl kaum. Auch die Psalmen sind voller Lobgesang über die Güte und Gnade des Herrn. Hier eine Kostprobe: *„Ich will singen von der Gnade des HERRN ewiglich und seine Treue verkünden mit meinem Munde für und für" (Psalm 89,2)* oder *„... denn deine Güte ist besser als Leben, meine Lippen werden dich preisen" (Psalm 63,4)*. Wer das Alte Testament objektiv liest, wird darin einen Gott der Liebe finden, wie es Ihn im ganzen Universum nicht gibt. Das kommt uns auch mit diesem alten Wort entgegen: *„Mit ewiger Liebe habe ich dich geliebt, darum habe ich dir meine Güte bewahrt!" (Jeremia 31,3; Elb)*. Auch folgender Vers ist Evangelium im Alten Testament: *„Denn ich habe Lust an der Liebe und nicht am Opfer, an Erkenntnis Gottes und nicht am Brandopfer" (Hosea 6,6)*. Denken wir auch an das gesamte Hohelied. Es erzählt uns auf herzergreifende Weise von der Liebe des Herrn, die Er zu Seiner Brautgemeinde hat.

Oft wird auch behauptet, der Ruf zur Nächsten- und Feindesliebe sei erst von Jesus im Neuen Testament ergangen. Aber wenn Er und auch die Apostel davon reden, nehmen sie lediglich Bezug auf das Alte Testament. Denn die Liebe zum Nächsten ist zutiefst alttestamentlich. Allein die Zehn Gebote sind ein gesammelter Ausdruck dafür, daß Gott uns befiehlt, unseren Nächsten zu lieben. *„Du sollst nicht töten. Du sollst nicht ehebrechen. Du sollst nicht stehlen. Du sollst nicht falsch Zeugnis reden wider deinen Nächsten" (2. Mose 20,13-16)*. Das sind doch eindeutig Botschaften der Liebe. Wir werden aufgefordert, den Nächsten zu schützen und ihm zu helfen. Der konkrete Ruf zur Nächstenliebe ist nicht eine Erfindung des Neuen Testamentes, sondern stammt aus den Büchern Moses: *„Du sollst deinen Nächsten lieben wie dich selbst; ich bin der HERR" (3. Mose 19,18)*. Auch von der Feindesliebe ist nicht erst in den Evangelien die Rede, sondern ebenfalls bereits im Alten Testament: *„Wenn du dem Rind oder Esel deines Feindes begegnest, die sich verirrt haben, so sollst du sie ihm wieder zuführen. Wenn du den Esel deines Widersachers unter seiner Last liegen siehst, so laß ihn ja nicht im Stich, sondern hilf mit ihm zusammen dem Tier wieder auf" (2. Mose 23,4)*. Oder: *„Wenn dein Hasser Hunger hat, gib ihm Brot zu essen" (Sprüche*

25,21; Elb). Welch eine Liebe leuchtet doch aus diesen alttestamentlichen Worten!

Auch die heute so oft geächteten Worte aus dem Gesetz *„Auge um Auge, Zahn um Zahn" (2. Mose 21,24; 3. Mose 24,20; 5. Mose 19,21)* sind bei Licht besehen nicht eine grausame Racheverordnung, wie fälschlicherweise verstanden wird. Denn erstens gilt dieser Grundsatz niemals für Privatpersonen. Nirgendwo wird im Alten Testament zur Selbstjustiz aufgerufen. Nein, dieses „Auge um Auge" ist nichts anderes als eine Art Grundanweisung Gottes, nach der jede ordentliche Gerichtsbarkeit dringend handeln soll, um wirklich **ausgleichende** Gerechtigkeit zu schaffen. Denn Gott will nicht, daß ein Richter das Maß überschreitet und sozusagen gleich zwei Augen für eines verhängt, wie es zum Beispiel im Islam geschieht. Dort steht nach der Scharia auf Diebstahl gleich das Abhacken der Hand. Aber Gott will auch nicht, daß die Strafe hinter der Schwere des Verbrechens zurückbleibt, sozusagen ein kleines Bußgeld für ein ausgestochenes Auge. Vor Gott besteht Gerechtigkeit darin, daß Unrecht angemessen ausgeglichen wird. Dieser Grundsatz wird auch heute an unseren Gerichtsgebäuden oft durch die „Justitia" mit ihrer Waagschale dargestellt. Leider handeln viele Richter heute nicht mehr nach diesem gesegneten Prinzip „Auge um Auge". Vielmehr entschuldigen sie die Täter oft und schaffen den Opfern kein Recht. Welch eine Lieblosigkeit ist das! Wir sehen also, auch im Alten Testament ist Gott Liebe.

Umgekehrt ist im Neuen Testament ebenso vom Gericht Gottes und von Seinem Zorn geschrieben wie im Alten Testament. Keiner hat die Hölle wohl so drastisch beschrieben wie Jesus selbst: *„... wo ihr Wurm nicht stirbt und das Feuer nicht verlöscht" (Markus 9,48); „... da wird Heulen und Zähneklappen sein" (Matthäus 13,42)*. Christus sprach auch von den Qualen und von der Pein in den Flammen der Verdammnis (Lukas 16,24). Selbst der große Vers der Liebe, Johannes 3,16, trägt die Botschaft von der Strafe der Verlorenheit in sich. *„So sehr hat Gott die Welt geliebt, auf daß alle, die an ihn glauben, nicht verloren werden."* Zwei Verse weiter sagt Jesus: *„Wer aber nicht glaubt, der ist schon gerichtet."* Und ganz zum Schluß desselben dritten Kapitels schließt Er mit diesen Worten: *„Wer aber dem Sohn nicht glaubt, wird das Leben nicht sehen, sondern der Zorn Gottes bleibt auf ihm“ (Johannes 3,36; Sch2000).* Das sagt nicht Mose, sondern das spricht der Sohn des lebendigen Gottes, der Heiland, der aus Liebe gekommen ist. Derselbe hat bezüglich eines verdammenden Gottes gewarnt: *„Fürchtet euch vor dem, der ... Macht hat, in die Hölle zu werfen. Ja, ich sage euch, vor dem fürchtet euch“ (Lukas 12,5).*

Bitte lies auch die Briefe der Apostel und prüfe, ob da immer nur von der Liebe Gottes die Rede ist. Was sagst du zu der Behauptung des Paulus: *„Denn Gottes Zorn wird vom Himmel her offenbart über alles gottlose Wesen und Ungerechtigkeit der Menschen“ (Römer 1,18)*? Und dann wollen wir auch nicht die Offenbarung vergessen. Wohl kein Buch der Bibel offenbart die Schrecken des Herrn so sehr wie dieses letzte Buch des Neuen Testamentes. Dort lesen wir zum Beispiel: *„Wenn jemand nicht im Buch des Lebens eingeschrieben gefunden wurde, so wurde er in den Feuersee geworfen“ (Offenbarung 20,15; Sch2000).* Das klingt so gar nicht nach Liebe.

Wer hat bloß die Idee aufgebracht, das Alte Testament sei ohne Liebe und das Neue ohne Strenge? Nein, wir müssen erkennen: Der Gott, der im Alten Testament zornig war, der ist auch im Neuen Testament zornig. Und der Gott, der im Alten Testament geliebt hat, der liebt auch im Neuen Testament. Denn Er spricht: *„Ich bin der Herr und wandle mich nicht“ (Maleachi 3,6; LÜ 1912).* Der Allerhöchste ist ein Gott von unendlicher Güte, aber auch ein Gott von unbestechlicher Gerechtigkeit und Wahrheit. Seine Liebe ist absolut kein Widerspruch zu Seiner Gerechtigkeit. Beides ist in Ihm in herrlichem Einklang vereinigt.

Gottes Gerechtigkeit ist Ausdruck Seiner Liebe

Gerechtigkeit und Liebe sind nicht nur verträglich nebeneinander in Gott, sondern wir können gemäß der Heiligen Schrift sogar behaupten: Gottes Gerechtigkeit ist zugleich Seine Liebe. Und: Seine Liebe besteht in Seiner Gerechtigkeit.

In der Politik spricht man sehr viel von sozialer Gerechtigkeit. Warum will man sie? Weil sie ein Segen ist. Denn sie schützt den Schwächeren vor Unrecht und Ausbeutung. So gesehen ist Gerechtigkeit nicht Ausdruck von Härte, sondern von Fürsorge für den Hilfsbedürftigen, sprich Liebe. Stellen wir uns vor, alle Gerichte und alle Gefängnisse würden in unserem Land abgeschafft werden, weil wir natürlich keine richterliche Strenge mehr wollen und niemandem die Leiden eines Gefängnisaufenthaltes zumuten wollen – denn wir wollen doch Liebe für alle. Welch ein wunderbares Land der Liebe wäre Deutschland! Wirklich? Nein, eine solche Liebe ist überhaupt keine Liebe. Wenn eine Regierung wirklich für ihr Volk eintritt und es liebt, dann wird sie den Menschen auch Recht verschaffen und die Übeltäter bestrafen. Ansonsten werden sie zur Qual für die ganze Gesellschaft.

Daß Gott ein gerechter Gott ist, ist tröstend und ein Ausdruck von Liebe denen gegenüber, denen das Recht geraubt worden ist. Der Herr bereitet in Seiner Liebe zu Seinem Volk ein ewiges Reich, in dem Er es endgültig erlöst von Dieben, Betrügern, Lügnern und Mördern und auch von Treulosen, Verleumdern und Christenverfolgern. Und wie verwirklicht Gott diese Liebe zu Seinen Kindern? Indem Er Gerechtigkeit schafft und keinen Übeltäter hineinläßt. Wenn Gott aus falscher Liebe unter Mißachtung Seiner Gerechtigkeit die Bösen nicht richten und scheiden würde, sondern sie aus einer heute so viel beschworenen Toleranz heraus in den Himmel einließe, dann wäre der Himmel nicht mehr Himmel, sondern würde genauso verdorben werden wie einst das Paradies und heute die Erde. Damit das unter keinen Umständen geschieht, heißt es gegen Ende der Bibel: *„Draußen aber sind die Hunde, die Zauberer und die Unzüchtigen und die Mörder und die Götzendiener und jeder, der die Lüge liebt und tut" (Offenbarung 22,15; Sch2000).* Und warum sollen sie draußen sein? Aus Liebe zu den Erlösten. Der Herr hat sich vorgenommen, den Himmel zu einem Platz des Friedens, der Reinheit und der ewigen Gesundheit zu machen. Aber das kann Er nur schaffen, indem Er gerecht ist und das zerstörende Böse draußen läßt und auch alle die, die das Böse lieben und tun. Deshalb können wir sagen:

Gerechtigkeit steht niemals der Liebe entgegen, sondern sie ist ein Ausdruck der Liebe Gottes.

Gottes Liebe und Erziehung

Wir haben bereits über die allgemeine Liebe Gottes zu allen Menschen gesprochen und auch von der besonderen Liebe zu Seinen Kindern, die sich in ihrer Errettung manifestiert. Nun möchte ich noch einen weiteren Aspekt der Liebe Gottes ansprechen. Es geht um die pädagogische Liebe Gottes. Ein sehr zentraler Vers dazu lautet: *„Denn wen der Herr liebt, den züchtigt er, und schlägt jeden Sohn, den er annimmt“ (Hebräer 12,6).* Aus diesen Worten können wir entnehmen, daß Gott Seine Kinder erzieht oder – wie Luther übersetzt – züchtigt. Solche Maßnahmen führt der Herr an denen durch, die Er liebt. Das heißt, göttliche Erziehung ist nicht autoritäre Unterdrückung oder Mißhandlung, sondern Liebe. Das wird leider nicht immer so gesehen. Aber wenn wir als Christen etwas von Gottes Wesen verstehen möchten und auch von den Hintergründen der Wege, die Er mit uns geht, dann kommen wir nicht umhin, diese äußerst wichtige Wahrheit anzuerkennen.

Die erziehende Liebe Gottes gilt den Glaubenden. Im Buch der Offenbarung spricht der Herr: *„Alle, die ich liebhabe, die überführe und züchtige ich“ (Offenbarung 3,19; Sch2000).* Die erziehende Liebe Gottes ist wieder ein Beweis für die besondere Liebe des Herrn, die Er zu Seinen Kindern hat. Denn Er sagt nicht, daß Er die ganze Welt überführt und züchtigt, sondern nur die, die Er liebhat, die Seine Söhne und Töchter sind. Denn ein Vater erzieht auch nicht die Kinder der gesamten Nachbarschaft, sondern nur die, die ihm innerhalb der Familie anvertraut sind. Ihnen allein gehört Seine besondere Vaterliebe. Erziehung bedeutet also spezielle Zuwendung und besondere Fürsorge Seinen Kindern gegenüber. Und diese göttliche Liebe, die sich durch Erziehung erweist, umfaßt mehrere Aspekte.

1. Liebe durch Überzeugen

Als erstes versteht Gott unter Erziehung, daß Er eine Überzeugung im Herzen Seiner Kinder bewirkt. Er straft nicht gleich drauf los, sondern Er kümmert sich zunächst in der Weise um die Seinen, daß Er sie überzeugt oder, wie es in unserem soeben

zitierten Vers heißt, daß Er sie „überführt“, wenn sie ungehorsam und auf falschen Wegen sind.

Dieses Wort: *„Ich überführe sie“* gefällt mir sehr. Denn das bedeutet, daß der himmlische Vater sich Zeit nimmt und Seine Kinder aufklären möchte. Er möchte, daß sie verstehen und einsehen. Der Herr nimmt sich Zeit und bespricht mit ihnen in Ruhe ihr Leben. Er spricht auch über ihr Versagen mit ihnen. Er liebt sie. Sie liegen Ihm am Herzen. Er möchte sie fördern, schulen und voranbringen.

Nur verantwortungslose und lieblose Eltern nehmen sich keine Zeit, ihren Kindern eine gute Erziehung angedeihen zu lassen. Sie entschuldigen sich, indem sie sagen: „Unsere Kinder sollen liberal aufwachsen.“ Sie sprechen sich für eine antiautoritäre Erziehung aus und möchten gerne, daß ihre Kleinen sich absolut frei entfalten und ihnen am besten keine Grenzen gesetzt werden. Nicht selten verbirgt sich hinter solchen Argumenten elterliche Bequemlichkeit, die nicht das Opfer bringen will, sich um die eigenen Kinder zu kümmern. Da ist der Fernsehapparat dann ein willkommener Kasten, vor den man die Kinder einfach setzt, um von ihnen in Ruhe gelassen zu werden. Kein Wunder, daß solche Kinder nicht fähig werden, einmal ihr Leben zu bewältigen. Statt dessen verwahrlosen sie und geraten in die Falle der Spielsucht, des Alkohols und der Drogen und werden somit häufig Opfer ihrer eigenen kriminellen Karriere. Das ist das Ergebnis hemmungsloser freier Entfaltung, das Ergebnis der Verantwortungslosigkeit von Eltern, die sich nicht um ihre Kinder kümmern, die ihre Kinder nicht überführen und mit ihnen reden und sich Zeit nehmen.

Der himmlische Vater jedoch möchte, daß es mit Seinen Kindern zu einem guten Ende kommt. Sie sollen tüchtig werden, das praktische und auch das geistliche Leben zu meistern. Sie sollen stark werden im Glauben, in der Liebe, in der Geduld, in der Selbstbeherrschung. Ihre Herzen sollen „beschnitten“ und „veredelt“ werden, damit sie Frucht bringen und für andere Menschen ein Segen sind. Sie sollen dazu ausgebildet werden, in den Stürmen und Anfechtungen des Lebens zu bestehen. Ihre Psyche soll gesund sein und ihr Lebensschritt sicher. Der Herr nimmt die Seinen in Seine Schule, damit sie fähig werden für das Leben in dieser Zeit und auch in Ewigkeit.

Gott beginnt also mit der Überzeugung. Er straft nicht, ohne aufzuklären. Er redet erst mit Seinen Kindern wie einst mit Israel: *„Darum siehe, ich will sie locken und sie in die Wüste führen und freundlich mit ihr reden" (Hosea 2,16).*

Bevor ich meine Kinder notwendigerweise in irgendeiner Form bestrafte, hatte ich die Angewohnheit, sie in ein anderes Zimmer zur Seite zu nehmen. Dort redete ich sachlich und freundlich mit ihnen über ihre Ungezogenheit. Viele Eltern strafen aus einer Erregung heraus und werden dabei nicht selten unbeherrscht. Sie toben und prügeln, was aber nicht zur Besserung ihrer Kinder dient, sondern eher zur Abreaktion ihrer eigenen Verdrossenheit. Sie erziehen nicht, sondern lassen einfach Dampf ab, indem sie ihren eigenen Frust an den Kindern auslassen. Ein Erziehender, der in der Bestrafung nicht eindeutig das Wohl des Kindes sucht, sondern Überlegenheitsgefühle und Selbstbestätigung, behandelt zwar sein Kind, aber er liebt es nicht. Wenn er es täte, würde er in Ruhe und Frieden mit dem Kind über dessen Verfehlungen sprechen, ihm alles erklären und es zu überzeugen versuchen. So jedenfalls macht es der himmlische Vater: *„Alle, die ich liebhabe, die überführe ich ..." (Offenbarung 3,19).*

Wie überführt und überzeugt der Herr nun die, die Er liebhat? Er redet durch das Wort der Bibel mit Seinen Kindern. Welch eine Liebe ist es, daß Gott uns Seine Heiligen Schriften geschenkt hat. Mit Hilfe des Heiligen Geistes leitet uns der Herr in die Wahrheit des Wortes Gottes und überführt uns, daß wir unsere Verfehlungen erkennen und sehen, wo wir im Widerspruch zu Seinem Willen leben.

Ein sehr gutes Beispiel, wie das funktioniert, zeigt uns die Geschichte von David, nachdem er Ehebruch begangen und darüber hinaus noch einen Mordauftrag gegen den Ehemann der betreffenden Frau erteilt hatte (vgl. 2. Samuel 11+12). König David hatte sich diese „Freiheit" ganz gewiß mit dem Gedanken herausgenommen, daß er ja uneingeschränkter Regent in Israel war. Wer hätte ihm etwas sagen können? An seinen

Psalmen, die David aufgrund dieser Affäre verfaßte, merken wir aber, daß er dabei schizophrene Gefühle hatte. Er wollte es verschweigen, aber seine Gebeine verschmachteten (Psalm 32,3). Er wollte die Schuld verdrängen, und doch war sie ihm irgendwie bewußt. Heidnischen Königen hätte Gott dies möglicherweise durchgehen lassen. Gottlosen, ja – aber doch nicht David, den Er liebte, den Er sich nach Seinem Herzen gemacht hatte. Darum schickte der Herr den Propheten Nathan zu David – aus Liebe. Nathan erzählte David einfach eine kleine Geschichte, in etwa so: „Da sind ein reicher und ein armer Mann. Zu dem Reichen waren Gäste gekommen. Er hatte viele Schafe und Rinder, von denen er eines zum Festmahl hätte schlachten können. Aber er sandte jemanden zu seinem armen Nachbarn und ließ dessen einziges Lämmlein wegnehmen, das bei jenem, weil er es wie ein Kind hielt, in der Hütte wohnte. Skrupellos ließ der Begüterte das Lämmlein des armen Mannes schlachten und servierte es seinen Freunden." Als Nathan dieses Verbrechen geschildert hatte, wurde David sehr zornig. Schlagartig kam sein Gerechtigkeitssinn zum Vorschein. Aber Nathan mußte aufklären und sagen: „David, ich kann deine Erregung verstehen. Aber du selbst bist der Mann! Du bist es, der so gehandelt hat!" Da fiel es David wie Schuppen von den Augen.

Ich habe diese Geschichte so gern, weil ich an ihr sehr gut erkennen kann, wie Gott Seine Kinder nicht blindlings weiter ins Verderben rennen läßt, sondern wie Er sie väterlich überführt und sie in Weisheit von ihren falschen Wegen überzeugt.

Heute bin ich dein Nathan. Wenn auch in Schwachheit bringe ich dir dennoch durch die Kraft des Heiligen Geistes das Wort des Herrn. Vielleicht lebst du in einem unehelichen Verhältnis mit einer Frau. Dein Gewissen hat das bisher nie belastet, denn die Gebote Gottes sagen dir nicht viel. Deine Schwarzarbeit hast du bisher nicht als Sünde empfunden, die unrichtigen Angaben in deiner Steuererklärung auch nicht. Auch über deine chronische Unversöhnlichkeit und Bitterkeit bist du noch nicht gestolpert. Aber weil Jesus dich liebt und du einer von den Seinen bist, darum läßt Er dich nicht laufen wie die anderen, sondern Er redet mit dir. Denn Er sagt: *„Alle, die ich liebhabe, die überführe ich ..." (Offenbarung 3,19).* Den

Gottlosen mag ein solcher Lebensstil durchgehen. Sie fühlen sich sogar glücklich dabei. Aber du doch nicht. Du bist doch ein Kind Gottes. Dich hat der Herr Jesus lieb. Er ist an dir interessiert, Er kümmert sich. Und deshalb sendet Er dir einen Pastor wie mich vielleicht. Deswegen sendet Er dir Gottes Wort. Weil Er dich liebhat, überzeugt Er dich, daß es nicht in Ordnung ist, wie du dein Leben führst. Die Ausrede, daß andere es ja auch so machen, läßt Gott bei dir nicht gelten. Denn du bist Sein geliebtes Kind, das Er erziehen möchte. Sei nicht wie die, die sich vom Heiligen Geist nicht strafen lassen.

Wenn der himmlische Vater durch das Wirken Seines Geistes Seine Kinder von ihren Fehlhaltungen überführt, entstehen häufig ergreifende Szenen. Sie werden so von der Liebe Gottes berührt, so sehr von der Wahrheit erleuchtet, daß sie innerlich kapitulieren und in eine tiefgreifende Buße hineingeführt werden. Ich habe miterlebt, wie solche Menschen bitterlich weinten, niederfielen auf ihr Angesicht und vor ihrem Herrn zerbrachen. Dann durfte ich auch sehen, wie die Überzeugungsarbeit des Heiligen Geistes echte Früchte der Umkehr bewirkte und die Zurechtgebrachten dauerhaft ein anderes Leben führten.

2. Liebe durch Strafe

Ich möchte noch einmal auf David zu sprechen kommen. In 2. Samuel 12,13-23 wird uns erzählt, wie die Geschichte seiner moralischen Verfehlung zu Ende ging. Als der Prophet Nathan zu David gesagt hatte: *„Du bist der Mann“*, antwortete der König: *„Ich habe mich gegen den HERRN versündigt“*. Nathan erwiderte: *„So hat auch der HERR deine Sünde hinweggenommen. Du sollst nicht sterben“ (2. Samuel 12,13).* Eigentlich hätte Gott doch hier schon alles bewenden lassen können. David war überführt und hatte aufrichtig Buße getan. War das nicht genug? Oft verzichtet Gott aufgrund ehrlicher Buße auf weitere Strafen und beendet an dieser Stelle Seine Erziehungsmaßnahme. Aber nicht immer und in jedem Fall. Denn der ganze Vers in der Offenbarung lautet: *„Alle, die ich liebhabe, die überführe und* ***züchtige*** *ich“ (Offenbarung 3,19).* Das heißt, Gott beläßt es nicht immer bei dem Überführen, sondern Er züchtigt beziehungsweise straft manchmal anschließend auch. Obwohl David einsichtig war und er sich vom Heiligen Geist überführen ließ, hielt Gott dennoch an der Strafe fest, die Er dem David zuvor durch den Propheten Nathan angekündigt hatte. Denn der Herr hatte ihm sagen lassen: *„Siehe, ich will aus deinem eigenen Hause Unglück über dich erwecken und will deine Frauen vor deinen Augen nehmen und sie deinem Nächsten geben, daß er am hellichten Tag bei deinen Frauen liegt. Denn du hast es heimlich getan, ich aber will diese Sache vor ganz Israel und am hellichten Tag tun" (2. Samuel 12,11-12; Sch2000).*

Warum Gott über David eine so schwere Strafe verhängte, obwohl er doch sehr einsichtig und zerbrochen war, wissen wir nicht genau. David hatte zum Herrn gefleht, ihm das Kind, das aus dem Ehebruch mit Batseba hervorgegangen war, am Leben zu erhalten. Er fastete und lag über Nacht auf der Erde. Die Ältesten seines Hauses machten sich ernste Sorgen um den König, denn er wollte nicht einmal mehr essen. Solch einen seelischen Schmerz fühlte David um das kranke Kind. Seine Seele war voll tiefer Reue und Buße. Und doch ließ Gott das Kind sterben. Wir fragen sofort: „Herr, warum?" Gott allein weiß es. Eine mögliche Antwort ist vielleicht die, daß Gott mit diesem ernsten Eingreifen David ein für allemal eine schwere Lektion erteilen wollte. Vielleicht sollte die Züchtigung deshalb so schwer sein, damit David sie niemals mehr vergaß. Denn der Herr hatte doch Großes mit diesem Seinem Auserwählten vor. Darum züchtigte Er ihn mit harter Hand. Denn solche Sünden sollten und durften nicht wieder geschehen. Und wir wissen aus dem weiteren Leben Davids, daß diese schwere Erziehungsmaßnahme des Herrn in der Tat gewirkt hat. Der Mann *„nach dem Herzen Gottes"* wurde so wunderbar zurechtgebracht, daß er sein Leben lang treu blieb. Er wurde bis an sein Ende zu einem großen Segen für sein Volk und für alle nachfolgenden Generationen.

Manchmal geht Gott also weiter. Er überzeugt nicht nur, sondern Er greift auch durch. Das scheint manchmal hart, aber Gott tut auch das aus Liebe – vielleicht als Warnung und Vorsorge für das eventuelle nächste Mal. Der himmlische Vater will Seine Kinder unbedingt und mit allen Mitteln vor dem Verderben der Sünde beschützen. Er will uns mit Seinen Strafen niemals umbringen, wie wir manchmal meinen. Nein, Er will uns bewahren. Darum schreibt der weise Apostel Paulus in seinen Abendmahlsanweisungen: *„Wenn wir aber von dem Herrn gerichtet werden, so werden wir gezüchtigt, damit wir nicht samt der Welt verdammt werden" (1. Korinther 11,32).* Weil Gott es nicht will und es auch niemals zuläßt, daß Seine Kinder mit der Welt verdammt werden, darum züchtigt Er sie.

3. Liebe durch Drohung

Gott führt manchmal auch eine drohende und züchtigende Sprache, wie zum Beispiel den Gläubigen der Gemeinde in Laodizea gegenüber. Dort zürnt der Herr Jesus Christus mit den Worten: *„Ich kenne deine Werke, daß du weder kalt noch warm bist. Ach, daß du kalt oder warm wärest! Weil du aber lau bist und weder warm noch kalt, werde ich dich ausspeien aus meinem Munde" (Offenbarung 3,15-16).* Weil diese Worte so endgültig und aburteilend klingen, meinen manche, aus diesen Worten herauslesen zu können, daß der Herr tatsächlich Seine untreuen Gläubigen zur Verdammnis ausspeien will. Aus dem gesamten Zusammenhang der Sendschreiben ergibt sich aber eindeutig, daß der Herr Jesus Christus nur aus pädagogischen Gründen so ernst redet und nicht, weil Er definitiv die Absicht hat, Seine Erlösten in der Hölle zu verderben. Denn Er schließt Seine scharfen Warnungen gerade mit unserem erörterten Wort ab: *„Welche ich liebhabe, die weise ich zurecht und züchtige ich. So sei nun eifrig und tue Buße!" (Offenbarung 3,19).* Die Botschaft des Herrn ist ganz klar: „Ich bringe sie zurecht, weil ich sie liebe!"

Paulus spricht so ähnlich wie die Sendschreiben. Er berichtet von Christen, die sogar *„dem Satan übergeben werden zum Verderben des Fleisches, damit der Geist gerettet werde am Tage des Herrn" (1. Korinther 5,5; vgl. auch 1. Timotheus 1,20).* Also auch hier wird Menschen – ähnlich wie der Gemeinde in Laodizea – angedroht, ausgespieen und dem Satan übergeben zu werden, aber aus Liebe und zum Heil und nicht zur Verdammnis. Ich habe Christen an den Schweinetrögen landen sehen. Sie gingen von einem Elend in das andere. Gott schien sie dahingegeben zu haben, so als läge schier ein Fluch auf ihrem Leben. Den Gottlosen ging es bestens, während sie fröhlich sündigten, aber den Christen, die Gott aus der Schule gelaufen waren, denen ging es so dreckig, als seien sie buchstäblich in den Händen Satans. Aber Gott hatte sie nicht deshalb „ausgespieen“, weil Er sie am Schweinetrog umkommen lassen wollte. Nein, Er ließ sie diese bitteren Erfahrungen machen, damit sie, wie der verlorene Sohn, an ihre Brust schlagen und endlich zu ihrem Vaterhaus wieder umkehren sollten.

Vielleicht hast du auch das Empfinden, daß ein Fluch auf deinem Leben liegt. Seit du dem Herrn davongelaufen bist, geht es wie auf einer Rutschbahn nur bergab, und du kannst es nicht aufhalten. Alles in deinem Leben geht schief. Der Beruf, das Geschäft, die Finanzen, die Ehe, die Kinder, die Gesundheit. Und nun kommt noch die Sucht dazu. Wenn das so weitergeht, liegst du wie ein Ausgespieener unter der Brücke. Und ich sage dir: Gott wollte es so, weil Er dich liebhat. Darum ist meine herzliche Bitte an dich: *„... so sei nun eifrig und tue Buße!“ (Offenbarung 3,19).* Schlage an deine Brust und komm nach Hause in die Arme deines himmlischen Vaters. Die Züchtigungen sind genug, kehre um und sei deinem Heiland und Erlöser Jesus Christus wieder gehorsam und folge Ihm zum ewigen Leben. Sprich mit dem geschlagenen und heimkehrenden David:

„Denn als ich es wollte verschweigen, verschmachteten meine Gebeine durch mein tägliches Klagen. Denn deine Hand lag Tag und Nacht schwer auf mir, daß mein Saft vertrocknete, wie es im Sommer dürre wird. Darum bekannte ich dir meine Sünde, und meine Schuld verhehlte ich nicht. Ich sprach: Ich will dem HERRN meine Übertretungen bekennen. Da vergabst du mir die Schuld meiner Sünde“ (Psalm 32,3-5).

Wir halten nun noch einmal fest: Das Motiv Gottes, Seine Kinder zu strafen, ist niemals Zerstörungsabsicht, sondern immer nur Liebe.

4. Liebe durch Vorbeugung

Wie wir gesehen haben, beinhaltet Gottes Erziehung Überführung, auch definitiv Strafe beziehungsweise Züchtigung, ebenso Drohung, aber viertens auch Vorbeugung. Denn wenn Gott uns züchtigt und erzieht, muß nämlich nicht immer schwere Sünde vorliegen. Es kann sein, daß Menschen bitteres Leid durchleben, obwohl sie – wie Hiob zum Beispiel[15] – ein untadeliges, gerechtes Leben führen. Denken wir auch an Paulus, der uns wissen ließ: *„Damit ich mich wegen der außerordentlichen Offenbarungen nicht überhebe, wurde mir ein Pfahl ins Fleisch gegeben, ein Engel Satans, daß er mich mit Fäusten schlage" (1. Korinther 12,7; Sch2000).* Wozu wurde ihm ein *„Pfahl ins Fleisch gegeben"*? Wozu sollte ihn ein *„Engel Satans"* mit *„Fäusten"* schlagen? Die konkrete Antwort des Apostels lautet: *„Damit ich mich nicht überhebe."* Es lag keine konkrete Sünde vor. Gott hatte nicht zu ihm gesagt: „Ich strafe dich, weil du dies oder das getan hast." Er hatte gar nichts getan. Aber Gott wußte, daß auch der große Apostel Paulus immer noch mit der Sündhaftigkeit seiner alten Natur zu tun hatte. Und er schämte sich auch nicht, offen zu bekennen, daß in ihm, seinem Fleisch, nichts Gutes wohnte (Römer 7,18). Der alte Mensch des Fleisches bildet auch bei den reifsten Christen immer eine latente Gefahr zur Sünde.

Gott sieht auch in deinem Leben eine große Gefahr – vielleicht auch die der Überheblichkeit. Und damit dein Lebensboot nicht zu leicht ist und kentert, legt Er dir Ballast hinein. Du fragst ganz unüberlegt: „Muß ich das tragen, Herr? Das ist unbequem. Müssen mich Fäuste von Satansengeln bedrängen? Muß ich einen Pfahl im Fleisch haben?" Dem Paulus antwortete der Herr: Ja, *„laß dir an meiner Gnade genügen" (2. Korinther 12,9.)* Gott erzog ihn, obwohl gar keine Sünde vorlag. Es war eine vorbeugende Züchtigung. Denn der Herr wußte, daß poten-

---

[15] *„Es war ein Mann im Lande Uz, der hieß Hiob. Der war fromm und rechtschaffen, gottesfürchtig und mied das Böse" (Hiob 1,1). „Der HERR sprach zum Satan: Hast du achtgehabt auf meinen Knecht Hiob? Denn es ist seinesgleichen nicht auf Erden, fromm und rechtschaffen, gottesfürchtig und meidet das Böse" (Hiob 1,8).*

tiell auch in diesem so wunderbaren Heiligen die Gefahr der Sünde, des Hochmuts und der Überheblichkeit lauerte.

Wenn wir also körperliche Schwachheiten, Unglücksfälle, Angriffe des Teufels, Ehrverletzungen und Enttäuschungen von Menschen erleben, muß das nicht unbedingt auf Sünde zurückzuführen sein. Es kann, aber es muß nicht. Denn alle diese Nöte gibt es im höchsten Maße auch bei den edelsten Frauen und Männern Gottes – sie leben nicht in Sünde und Schande, sondern heilig und gerecht vor Gott, wie einst ein Hiob und wie auch Paulus. Manche erleiden teils über Jahre, teils ein Leben lang schwerste Bedrückung und Trübsale – und das nur aus dem Grund, weil Gott sie liebt und Er sie bewahren will. Er beschneidet ihre alten, sündhaften Triebe, bevor sie Schaden anrichten. Danke dem Herrn für Seine vorbeugende Zucht auch in deinem Leben. Ein Sprichwort sagt: „Einen Baum soll man biegen, solange er jung ist." Gott ist also auch bei dir dabei, dich rechtzeitig zu biegen und zu formen. Ein Gärtner beschneidet die Bäume nicht erst, wenn sie groß sind und alles bereits verwildert und zugewuchert ist, sondern er beschneidet schon die Ansätze von Auswüchsen. Hier paßt das Wort des Jeremia sehr gut: *„Es ist ein köstlich Ding für einen Mann, daß er das Joch in seiner Jugend trage" (Klagelieder 3,27).* In Zeiten späterer Krisen wird ein Mensch scheitern, wenn er keine Erziehung gesehen hat. Wenn junge Menschen keine Pflichten haben, keine Lasten und Bürden, sondern nur wolkenloses Glück, wenn jede Belastung von ihnen ferngehalten wird, dann sind sie nicht selten so verweichlicht, daß sie keiner Versuchung widerstehen können, sondern sie stolpern von einer Sünde in die andere und von einem Laster in das nächste. Sie hatten nie einen Pfahl im Fleisch, sie haben nie ein Unglück erlebt und waren nie krank. Sie wurden nie gebremst, zu sündigen. Sie wissen nichts von dem biblischen Wort: *„... wer am Fleisch leidet, der hört auf von Sünden" (1. Petrus 4,1; LÜ 1912).* Darum murre nicht, daß du mancherlei Leiden zu erdulden hast. Denn wer weiß, was für ein Leben du führen würdest, wenn du von allem verschont worden wärest. Lerne verstehen, daß die Liebe Gottes sich auch dadurch ausdrückt, daß Er uns Belastungen verordnet, die uns an mancher Sünde hindern. Ja, Gottes Erziehung ist immer auch eine vorbeugende. Darum sage deinem Heiland auch vor diesem Hintergrund von Herzen Dank für Seine Zucht.

5. Liebe durch Schulung

Nun wollen wir uns noch einen weiteren und wichtigen Aspekt der göttlichen Erziehung anschauen. Es ist der der Schulung. Erziehung hat ja auch immer etwas mit Bildung, mit Unterricht und Zurüstung fürs Leben zu tun. Wer nicht die Last von Schule, Aus- und Fortbildung getragen hat, sondern immer nur herumspielte, muß sich nicht wundern, wenn er später keinen beruflichen Erfolg hat. Da, wo es in der Jugend keine Schule, keine Prüfungen, keine Tests und keine Belastungsproben fürs Leben gegeben hat, ist im späteren Leben häufig Schiffbruch zu finden. Aber Gott will nicht, daß du scheiterst, weder im geistlichen noch im natürlichen Leben. Darum nimmt Er dich in Seine Schule und rüstet dich für die Wirklichkeit des Lebens aus. Welch eine wunderbare Liebe verbirgt sich doch auch hinter dieser Art göttlicher Erziehung! Unser himmlischer Vater will uns nämlich auf ein kräftiges und siegreiches Leben vorbereiten. Und dazu ist Schulung und Übung nötig.

Ich freue mich, daß die Gemeinde Jesu auf Christen aufbauen kann, die in der Erziehungsschule des Allerhöchsten gewesen sind. Sie sind belastbar und haben Geduld, Treue und Opferbereitschaft gelernt. Deshalb zeichnen sie sich durch Zuverlässigkeit und Stehvermögen aus. Es ist etwas Großartiges, wenn man Menschen in der Gemeinde Verantwortung übertragen kann. Aufgrund ihrer göttlichen Schule sind sie in der Lage, etwas durchzutragen, durchzustehen und am Ende siegreich hervorzugehen. Welch ein Segen sind Gotteskinder, an denen man deutlich die Handschrift einer göttlichen Erziehung sehen kann, die vom Heiligen Geist geprägt sind, so daß sie stark geworden sind an ihrem Herzen und an ihrer Seele. Sie sind vorbildlich, einsatzfreudig, besonnen, selbstbeherrscht und stetig. Durch ihr geheiligtes Leben sind sie zu Säulen der Gemeinde geworden. Denn, so spricht der Herr: *„Wer überwindet, den will ich machen zum Pfeiler in dem Tempel meines Gottes" (Offenbarung 3,12).* Also nur der, der in der Überwinderschule des Allerhöchsten gewesen ist, wird ein Pfeiler im Reiche Gottes sein.

Wenn du wissen möchtest, was nun unter dieser Überwinderschule Gottes zu verstehen ist und wie sie funktioniert, dann frage am besten diese bewährten Christen, wie ihr früheres Leben ausgesehen hat. Dann werden sie dir berichten, durch welche Feuer sie gegangen und durch welchen Ofen des Elends sie geläutert worden sind. Frage einmal, welche Nöte sie hatten, welche Kämpfe, welche Belastungen, wie viele Tränen und wie viele Enttäuschungen es in ihrem Leben gab. Und du wirst feststellen: Sie erzählen dir alle die Geschichte ihrer Prüfungen, ihrer Anfechtungen, Leiden und Verfolgungen. Aber alle diese Nöte erachten sie als Gottes gutes Training. Sie verstehen Sein Handeln an ihrem Leben einfach als Liebe. Sage doch auch du Gott Dank *„allezeit für alles" (Epheser 5,20)*, gerade auch für die schwersten Zeiten in deinem Leben. Anerkenne sie als Zeichen der erziehenden, zurüstenden Vaterliebe Gottes.

Leider kommt der Aspekt der erziehenden und zurechtbringenden Liebe Gottes auf manchen Kanzeln nicht mehr vor. Gottes Liebe wird gern so dargestellt, also ob sie ausschließlich darin besteht, den Kindern Gottes ein Leben ohne Schwierigkeiten und ohne Probleme zu bescheren. Die Liebe Gottes wird eins zu eins mit absoluter Unversehrtheit gleichgesetzt. Und wenn es anders kommt, fängt sich sofort der Zweifel an Gottes Liebe an zu rühren. Hier ist etwas falsch verstanden worden.

Das sehen wir doch aktuell an vielen Kindern unseres Landes. Sie werden im Elternhaus und in der Schule geschont wie rohe Eier. Weil man sie nicht belasten will, dürfen sie nicht so viele Hausaufgaben aufbekommen. Klassenarbeiten und Prüfungen soll es am besten auch nicht mehr geben – wegen des psychischen Drucks versteht sich. Inzwischen beklagt unser ganzes Land die Bildungs- und Erziehungsmisere. Eine große Zahl von Schulabgängern kann nicht einmal richtig lesen und schreiben und ist aufgrund erzieherischer Weichheit untauglich fürs Leben.

So würde es auch den Auserwählten gehen, wenn ihr himmlischer Vater sie nicht trainieren würde. Genau wie die Kinder in der Schule lieben auch wir das Lernen nicht unbedingt, auch nicht die Arbeiten und Prüfungen. Wir wollen doch dringend vor allen diesen Übeln bewahrt werden und am liebsten steril durchs Leben gehen. Aber ich sage euch: Wenn dann doch einmal ein Virus kommt, haut es uns um. Deswegen ist es ganz gut, vorher ein bißchen geimpft worden zu sein. Gott impft uns für kommende Zeiten, damit wir bestehen können, wenn die schweren Stürme des Lebens kommen. Dann werden wir uns freuen, wenn unsere geistlichen Abwehrkräfte intakt sind, wenn wir geübt und stark die Anfechtungen erdulden und überwinden können.

Die Liebe unseres Herrn und Heilandes besteht also darin, daß Er uns ausbilden und trainieren will. Ein Bild vom Sport kann uns das vielleicht noch verständlicher machen. Da ist ein Vater, der einen kleinen Sohn hat und der beruflich Trainer einer Olympiamannschaft ist. Das Söhnchen ist ungezogen, und der Vater sagt: „Kind, jetzt gibt es 14 Tage keine Eiscreme mehr." Zu seinen Sportlern sagt er vor dem Wettkampf ziemlich dasselbe: „Mit Eiscreme ist jetzt erst mal Schluß." Das Kind und auch die Sportler bekommen also gleichermaßen Eisverbot, allerdings mit einer völlig unterschiedlichen Motivation. Dem Kind gegenüber stand der Strafgedanke im Vordergrund: „Du warst ungezogen. Darum gibt es zur Strafe erst mal kein Eis." Aber die Sportler waren gar nicht ungezogen, und trotzdem mußten auch sie verzichten. Aber bei ihnen ging es nicht um Strafe, sondern um Ertüchtigung und Fitneß. Darum die Worte: „Schleckt keine Eiscreme, denn ihr habt einen Wettkampf vor euch. Haltet euch fit." Die Botschaft lautete also: „Ihr müßt euch einschränken. Verzicht und Training sind angesagt." Genauso verordnet uns unser himmlischer Ausbilder mitunter auch ein verzichtsreiches und hartes Training – nicht zur Strafe, sondern wegen mehr geistlichem Erfolg, besser gesagt: wegen mehr Fruchtbarkeit. Unser ganzes Leben ist eine Schule für die Ewigkeit. Jeder Augenblick ist von Gott gegeben, daß Er an dir arbeitet und dich fit macht für Gottes Olympiade, für den *„Siegeskranz" (1. Korinther 9,25)*.

Bis dieses Ziel erreicht ist, gibt es wie in der richtigen Schule intensives Lernen mit konkreten Prüfungen. Das ist nicht immer leicht. Ich habe kleine Schüler weinen sehen, und große habe ich stöhnen gehört. Oft habe ich zu meiner Mutter gesagt: „Mama, muß ich da hingehen?“ Sie hatte mich zum Gymnasium geschickt, und da sollte ich Latein und Griechisch lernen. Ich fragte sie: „Mama, wozu brauche ich das?“ Aber meine Mutter antwortete immer: „Junge, du mußt lernen.“ Ich dachte, sie liebt mich nicht. Und ich fragte mich auch: Warum quält mich der Lehrer so? Der mag mich nicht! Heute bin ich zutiefst dankbar, daß meine Eltern mich auf eine Schule geschickt haben, die hohe Anforderungen an mich stellte. Ja, ich mußte ziemlich büffeln. Aber ich habe viel gelernt – fürs Leben.

Allerdings habe ich bei allem Lerndruck, den meine Mutter auf mich ausgeübt hat, doch auch ihre Liebe gesehen. Sie hat sich viel Zeit genommen und mit mir die Hausaufgaben gemacht. Als ich schreiben lernte und es nicht gelingen wollte, nahm sie meine Hand in die ihre und führte mit mir den Schreiber, bis ich es alleine konnte. Das tut Jesus auch. Er gibt uns aktiven Nachhilfeunterricht. Er liebt uns doch. Er will nicht, daß wir scheitern, sondern daß wir bestehen. Natürlich fallen wir in Gottes Schule auch in mancherlei Prüfungen durch – und alles geht wieder von vorne los. Es gibt Tränen und Leiden. Aber schließlich ist das Abitur an Gottes Gymnasium bestanden und auch das Diplom an der Uni zum Himmel. Alles Mühen und Leiden hat sich gelohnt. Denn *„dieser Zeit Leiden nicht ins Gewicht fallen gegenüber der Herrlichkeit, die an uns offenbart werden soll“ (Römer 8,18).*

Ich füge noch eine kleine Erinnerung aus meiner Schulzeit hinzu, die uns ebenfalls Gottes Erziehungshandeln an Seinen Kindern verständlich machen kann. Sport war mein Lieblingsfach. Darin war ich besser als in Griechisch und Latein. Da ich einer der besten Sportschüler war, wählte man mich aus, auf einem gesamthamburgischen Schulsportfest für unsere Schule als Hochspringer anzutreten. Und so wurde ich getrimmt. Meine Mitschüler waren während dessen schon zu Hause und erfreuten sich beim Spielen. Aber mir legte der Sportlehrer beim Hochsprung die Latte ziemlich hoch. Nach einigen Fehlschlägen konnte ich sie überspringen. „Oh", dachte ich, „jetzt kann ich auch nach Hause gehen und spielen." „Halt", sagte der Lehrer und legte die Latte noch ein Stück höher. Und das wiederholte sich einige Male, bis ich nicht mehr konnte. Er quälte mich richtig. Aber er hatte selbstverständlich nichts Böses im Sinn, sondern wollte mir nur zu einer Siegerurkunde verhelfen, und die hatte einfach ihren Preis.

Wenn unser Vater im Himmel dies mit uns in ähnlicher Weise tut, verstehen wir Ihn manchmal nicht oder wollen Ihn nicht verstehen. Wir denken, Er wolle uns ärgern und quälen. Nein, Er will uns fit machen für den himmlischen Siegeskranz. Wenn wir das verstehen, stellen wir fest, daß Seine manchmal auch harte Erziehung nichts anderes ist als eine Investition der Liebe, die Gott in uns als Seine Kinder hineingibt. Er nimmt sich Zeit, Er investiert Seine Fürsorge, Seine Kompetenz in unser Leben. Er trainiert mit uns für den Himmel. Und am Ende dürfen wir hören: *„Ei, du frommer und getreuer Knecht,* du hast nicht viel geschafft, aber ich habe dir tüchtig geholfen. *Gehe ein zu deines Herrn Freude" (nach Matthäus 25,23; LÜ 1912).*

Das war also die Betrachtung über Gottes erziehende Liebe an Seinen Glaubenden. Damit Mißverständnisse ausgeschlossen sind, möchte ich noch einmal wiederholen, daß solch eine gesegnete Erziehung natürlich nicht an den Ungläubigen geschieht. Ebenso wie Eltern natürlich nicht fremde, sondern nur ihre eigenen Kinder erziehen, so tut es auch unser Herr. *„Er schlägt jeden Sohn, den er annimmt" (Hebräer 12,6)* – jeden Sohn also und nicht jeden Menschen.

Bei diesem Thema erinnere ich mich immer wieder an eines meiner Kindheitserlebnisse. Mit vier anderen Buben war ich über den Zaun eines Obstgartens gestiegen, und wir stopften uns die Taschen voller rotbäckiger Äpfel. Man muß wissen, daß Nachkriegszeit war und daß auch wir Kinder manche Not litten. Aber dennoch ging der Polizist mit uns nicht zimperlich um, als er uns schnappte, wie wir mit unserer Apfelbeute zurück über den Zaun kletterten. Eigentümlicherweise schaute er ausgerechnet mich streng an und fragte: „Wo wohnst du?" Ich mußte es ihm sagen – und schon befanden wir fünf Jungs uns mit ihm auf dem Weg zu mir nach Hause. Als meine Mutter die Tür öffnete und aus dem Mund des Wachmanns vernahm, daß wir fünf kleinen Bösewichte Äpfel geklaut hatten, zog sie mich entschlossen aus der Gruppe heraus und rief: „Was, du hast gestohlen?“ Und schon haute sie mir links und rechts anständig welche hinter die Ohren. Als die Sache mit dem Polizisten verhandelt war und ich mit meiner Mutter wieder allein war, hielt ich ihr entrüstet vor, wieso sie ausgerechnet mich geschlagen hatte und nicht die vier anderen auch, die doch mindestens ebenso viele Äpfel gestohlen hatten wie ich. Da bekam ich von meiner Mutter eine Antwort, die ich bis heute nicht vergessen habe: „Was gehen mich die anderen an, du aber bist mein Sohn!“

Weil ich Sohn meiner Mutter war, darum ging es mir also schlechter als den anderen. Genauso ist es mit den Glaubenden. Weil sie Kinder Gottes sind, darum geht es ihnen häufig schlechter als den Gottlosen. Ihnen läßt der Herr bis zu ihrem Gericht mehr oder weniger alles durchgehen, aber nicht Seinen Kindern. Die züchtigt und formt Er. Und das tut weh. So klagen wir nicht selten, wie einst auch Asaph, *„... daß es den Gottlosen so gut ging“ (Psalm 73,3).* Darum muß der nächste Abschnitt sich mit der Frage befassen, wie wir denn auf Gottes Züchtigung recht reagieren.

Rechte Reaktion auf Gottes Erziehung

Gewiß reagiert die alte Natur eines Wiedergeborenen ähnlich wie das Kind auf die Strafe seiner Eltern. Es begehrt auf gegen ihre Erziehungsmaßnahmen. Wie sollen wir aber auf die Erziehung Gottes reagieren?

Verachte sie nicht

Die Bibel sagt: *„Mein Sohn, achte nicht gering die Erziehung des Herrn“ (Hebräer 12,5).* Das heißt, murre nicht gegen die Züchtigungen des himmlischen Vaters. Wenn wir immer wieder fragen: „Warum, warum, warum?“, dann verachten wir die Liebe Gottes, die Er durch Seine heilige Erziehung in uns investiert. Er setzt alles daran, uns umzugestalten in die Wesensähnlichkeit mit Christus und uns für den ewigen Himmel zuzurüsten – und wir verachten diese Seine Erziehungsliebe. Ja, wir mißtrauen dem Herrn und verdächtigen Ihn sogar, Böses mit uns vorzuhaben. So bleibt uns Gottes Liebe oft eine unverstandene Liebe. Zugleich zerstören solch menschliche Gedanken das tiefe Vertrauen, das wir zu unserem himmlischen Vater haben sollen, und rauben uns unseren inneren Frieden. Wenn wir in unseren Leiden und Nöten nicht die Erziehungsliebe unseres Herrn sehen können, verderben wir uns die Qualität unseres christlichen Lebens. Darum, wenn du die Erziehung Gottes nicht verachten willst, sage ja und versöhne dich mit den Wegen, die Gott mit dir geht, und bekenne dich zu diesem Wort: *„Wir wissen aber, daß denen, die Gott lieben, alle Dinge zum Besten dienen, denen, die nach seinem Ratschluß berufen sind“ (Römer 8,28).*

Du verachtest auch die Erziehungsmaßnahmen Gottes, wenn du glaubst, daß du sie nicht mehr nötig hättest. Du hältst dich schon für fortgeschritten und reif genug. Du meinst, daß du keine Hilfe mehr zur Veränderung brauchst. Du bist der Überzeugung, daß du schon alles weißt und alles erkennst und daß geistliches Wachstum für dich nicht mehr erforderlich ist. Eine solche Haltung birgt die Gefahr, daß wir Gottes Erziehungshandeln an uns nicht einsehen können und daß wir anfangen, mit Ihm zu hadern. Darum bilde dir nie ein, daß du schon ein so guter Christ bist, daß Jesus nicht mehr an dir arbeiten müßte. Verachte also auch auf diese Weise nicht die Züchtigungen des Herrn.

Verzage nicht

Wenn die züchtigende, strafende Hand des Allerhöchsten über uns ist, neigen wir in der Tat dazu, sie nicht zu wollen, sondern murren. Dem Herrn aber sei Dank, es gibt viele Gotteskinder, die eben nicht aufbegehren. Aber sie verzagen. Sie sagen wohl ja zu Gottes Erziehung in ihrem Leben, aber das, was sie erleiden müssen, ist ihnen zu schwer. Sie können es kaum ertragen. Sie nehmen die pädagogischen Maßnahmen ihres Meisters gern an, aber sie bedrücken sie so sehr, daß sie seufzen und verzagen. Und das geht manchmal soweit, daß sie fragen: „Liebt Gott mich überhaupt noch? Bin ich überhaupt ein Kind Gottes?“ Und so kommen Verzagtheit, Zweifel und Unsicherheit auf. Aber hier kommt jetzt das wunderbare Wort hinein: *„... verzage nicht, wenn du von ihm gestraft wirst!“ (Hebräer 12,5).*

Manchmal lassen solche erschrockenen Gotteskinder ganz und gar die Flügel hängen. Sie kommen immer seltener zum Abendmahl und werden versammlungsmüde. Ihr Engagement in der Gemeinde wird immer flauer, und schließlich legen sie ihre Mitarbeit ganz und gar nieder. Das Leben hat sie zu sehr geschlagen, und sie haben allen Mut verloren. Wenn es dir auch so ergehen sollte, liebe Leserin, lieber Leser, dann möchte ich dir unser Gotteswort zurufen: Die Erziehungen und Prüfungen Gottes beweisen doch gerade, daß du ein Kind Gottes bist. Denn, so sagt die Schrift im selben Abschnitt: *„Wenn ihr Züchtigungen erduldet, so behandelt euch Gott ja als Söhne, ... wenn ihr aber ohne Züchtigungen seid, ... so seid ihr ja unecht und keine Söhne!“ (Hebräer 12,7-8).* Wenn keine Lasten auf deinem Leben liegen würden, wenn keine Bedrängnis da wäre und bei dir alles nur eitel Sonnenschein wäre, gerade dann hättest du Grund, in Zweifel zu geraten und zu verzagen. Denn dann wäre fraglich, ob du überhaupt ein Kind Gottes bist, ob du überhaupt ein Sohn oder eine Tochter des himmlischen Vaters bist. Vielleicht ist das der Grund, weshalb Er dich mit allem durchläßt und überhaupt nicht korrigierend eingreift.

Aber wenn der Heilige Geist dich straft, dir Schulung vermittelt, dich zurechtweist und dir deswegen auch mancherlei Not beschert, dann verzage nicht, sondern freue dich vielmehr. Genau dazu ruft Petrus auf, wenn er lehrt: *„Ihr Lieben, laßt euch durch die Hitze nicht befremden, die euch widerfährt zu eurer Versuchung, als widerführe euch etwas Seltsames, **sondern freut euch**, daß ihr mit Christus leidet, damit ihr auch zur Zeit der Offenbarung seiner Herrlichkeit Freude und Wonne haben mögt“ (1. Petrus 4,12-13).* Wir dürfen uns in unseren Nöten also freuen, weil wir durch sie wissen, daß der Herr in Seiner Erziehungsliebe an uns arbeitet. Und wenn Er Sein Veränderungswerk an uns zur Vollendung gebracht hat, *„dann“*, so heißt es auch bei Petrus, *„werdet ihr euch freuen, die ihr jetzt eine kleine Zeit, wenn es sein soll, traurig seid in mancherlei Anfechtungen, damit euer Glaube als echt und viel kostbarer befunden werde als das vergängliche Gold, das durchs Feuer geläutert wird, zu Lob, Preis und Ehre, wenn offenbart wird Jesus Christus" (1. Petrus 1,6-7).* Vor diesem Hintergrund dürfen wir unsere Bedrängnisse in einem ganz anderen Licht sehen. Darum gilt uns das Wort: *„Verzage nicht, wenn du von ihm gestraft wirst" (Hebräer 12,5)*!

Manche lieben Gotteskinder werden besonders geprüft, und ihre Prüfungen scheinen kein Ende zu nehmen. Ihre Trübsale und Drangsale gehen über Jahre. Sie haben gebetet und gefleht, und nichts hat sich geändert. Menschlich gesehen kann man die Verzagtheit solcher Glaubensgeschwister verstehen. Und dennoch, mein geplagter Freund, wird es auch für dich ein Ende deiner Leiden geben. Darum gehört auch dir der trostreiche Zuruf des Herrn: *„Verzage nicht!"* Denn *„Gott ist treu, der euch nicht versuchen läßt über eure Kraft, sondern macht, daß die Versuchung so ein Ende nimmt, daß ihr's ertragen könnt" (1. Korinther 10,13).* Hörst du? Dein himmlischer Vater geht mit Seinen Prüfungen nicht über deine Kraft. Er legt dir nicht mehr auf, als du ertragen kannst. Darum rühmt David: *„Gelobt sei der Herr täglich. Gott legt uns eine Last auf, aber er hilft uns auch" (Psalm 68,20).* Ja, der Herr hilft uns tragen. Denn Er hat nicht die Absicht, dich zugrunde zu richten, sondern herrlich zu machen, wie durchs Feuer geläutertes Gold. Aber wenn es an den Punkt kommen sollte, daß du kaputtgehen könntest, dann wird der Herr sofort die Prüfung beenden.

Vergiß also nie: Die Erziehungen Gottes haben immer nur ein wunderbares Ziel: Wir sollen für den Himmel zubereitet werden. Denn dort in Seiner Herrlichkeit will Er uns haben – aber nur durchläutert, rein, heilig, ohne Flecken und Runzel. So wie Jesus sollen wir werden. *„Denn die er ausersehen hat, die hat er auch vorherbestimmt, daß sie gleich sein sollten dem **Bild** seines Sohnes, damit dieser der Erstgeborene sei unter vielen Brüdern" (Römer 8,29).* Mit unserem hochgelobten Herrn Jesus Christus werden also alle die einmal in der Herrlichkeit Gottes sein, die durch die Gnade Gottes diszipliniert und vollendet worden sind. Aber ohne diese pädagogische Heiligung wird *„niemand den Herrn sehen“ (Hebräer 12,14)*. Möchtest du aber auf ewig bei deinem Heiland sein, dann freue dich über die Züchtigungen Gottes und erachte sie als eine unvergleichliche Liebe, die dir von deinem himmlischen Vater widerfährt.

Darum *„... achte nicht gering die Erziehung des Herrn und verzage nicht, wenn du von ihm gestraft wirst“ (Hebräer 12,5)*. Lerne diese Worte in- und auswendig, ja präge sie deiner Seele tief ein, damit dir diese Wahrheit lebendig und hell ist, wenn du Stunden heißer Prüfung durchleben wirst. Dann wird der Herr zu dir sagen: *„Siehe, ich will dich läutern, aber nicht wie Silber; sondern ich will dich auserwählt machen im Ofen des Elends“ (Jesaja 48,10; LÜ 1912)*. Deine ewige Auserwählung bestätigt sich also durch nichts mehr als durch den großen Läuterungsprozeß deines Lebens. Denn schließlich gilt dir auch dieses Wort: *„Wenn du durch Wasser gehst, will ich bei dir sein, daß dich die Ströme nicht ersäufen sollen; und wenn du ins Feuer gehst, sollst du nicht brennen, und die Flamme soll dich nicht versengen“ (Jesaja 43,2)*. Darum, lieber angefochtener Bruder, liebe angefochtene Schwester, noch einmal und immer wieder, fürs ganze Leben: **„Verzage nicht“**, sondern erkenne die Liebe Gottes, die an dir arbeitet bis an dein seliges und herrliches Ende.

Ein hilfreiches Bild

Ich möchte herzlich bitten, jetzt mit mir das Gleichnis zu betrachten, das der große Mose bezüglich der Erziehungen Gottes an Israel beschreibt. Es wird für jeden Leser ein Genuß sein, die Worte des Anführers Israels auf sich wirken zu lassen. Ja, mehr noch: Das Bild, das uns Mose von Gottes Züchtigungen gibt, ist zutiefst seelsorgerlich und enorm tröstlich. Der Patriarch schreibt über die Wanderungen der Kinder Israel: *„Wie der Adler sein Nest aufstört, über seinen Jungen schwebt, seine Flügel ausbreitet, sie aufnimmt, sie trägt auf seinen Schwingen, so leitete ihn [Israel] der HERR allein, und kein fremder Gott war mit ihm“ (5. Mose 32,11-12; Elb)*.

Mose spricht in diesem Kapitel rückblickend von den wunderbaren Erfahrungen, die die Kinder Israel in der Wüste mit Gott gemacht hatten. Sie hätten in wenigen Tagen von Ägypten nach Kanaan gelangen können, wenn Gott sie den kürzesten Weg geleitet hätte. Aber Er führte sie einen „Umweg“, der vierzig Jahre dauern sollte. Der Grund dafür war aus unserem menschlichen Blickwinkel gewiß ihr Unglaube. Aber aus Gottes Sicht hatte der „Umweg“ einen ganz bestimmten Sinn. Nicht nur deshalb, weil sie am extrem abgelegenen Berg Sinai die Gesetzestafeln erhalten sollten, sondern weil Gott mit Seinem Volk eine umfassende Erziehungstour vorhatte. Die Wolken- und Feuersäule führte die Kinder Israel in der Wüste umher, weil Gott sie für die Eroberung des verheißenen Landes fit machen wollte. Sie brauchten noch geistliches und praktisches Training, bevor sie in der Lage waren, Kanaan einzunehmen. Diese vierzig Jahre dürfen also niemals als vergeudete Zeit angesehen werden, denn Gott hatte sie von Anfang an als Schulungszeit für Israels künftige Bestimmung mit eingeplant.

Israel sollte lernen, seinen Gott zu erkennen und Ihm in allen Lagen zu vertrauen. Darum gab Er ihnen jeden Morgen neu das Manna wie frischen Tau. Ihre Kleider, die sie am Leibe trugen, wurden nicht alt, und ihre Füße wurden nicht müde oder wund. Gott versorgte sie Tag für Tag, und sie sollten lernen, sich auf Ihn zu verlassen.

Ich bin fest davon überzeugt, daß unser ganzes Leben ebenso eine Schule für die Ewigkeit ist wie die Wüstenjahre Israels für Kanaan. Kein Jahr ist umsonst, kein Glück oder Unglück ist nutzlos. Alle unsere Jahre, Monate, Tage und Stunden sind Schulzeiten Gottes für unsere hohe Bestimmung. Unser Herr bildet Seine Kinder aus und erzieht sie, weil sie zu Höherem berufen sind als nur zu dieser Welt.

Um uns diesen göttlichen Unterricht genauer zu beschreiben, benutzt Mose das ergreifende Gleichnis eines Adlers, der seinen Jungen das Fliegen beibringt, wie er es wohl oft in der Natur beobachtet hatte. Demnach stört der Adler also als erstes sein Nest auf. Er macht seinen Jungen das Nest so ungemütlich, daß sie nicht länger darin bleiben wollen. Die Kleinen möchten die

Nestwärme natürlich nicht aufgeben und kämpfen um ihre Gemütlichkeit. Der Adler soll dabei sogar die Angewohnheit haben, Dornen ins Nest zu stecken, damit die Jungen langsam die Neigung bekommen, doch lieber das Nest zu verlassen. Und schließlich treibt die Mutter sie über den Nestrand, und die Vögelchen flattern heraus aus dem hohen Nest und drohen – wie im freien Fall – in den Abgrund zu stürzen. Welche Ängste müssen da wohl durch die Herzchen der Jungen gehen?

Wenn wir jung bekehrt sind, frisch von neuem geboren, weit erhoben über dem alten Leben der Sünde, dann päppelt uns die Liebe Gottes sehr. Keine Anfechtung, keine negativen Erlebnisse, alles ist Sonnenschein. Aber dann werden wir größer. Gott will, daß wir erwachsen werden. Wir können nicht ewig Gottes Nesthäkchen bleiben. Wir müssen hinaus ins wirkliche Leben der Nachfolge und der Heiligung. Ja, und dann werden wir von Christen enttäuscht, die wir anfangs für vollkommene Heilige gehalten hatten. Auch die nächste Gebetserhörung fällt nicht mehr so aus, wie wir uns das vorgestellt hatten. Und manchmal scheint es, als ob Jesus uns gar nicht mehr hört. Das Leben des Glaubens wird rauher. Plötzlich bekommen wir Ärger auf dem Arbeitsplatz, und du verlierst den Job. Dann passiert irgend etwas in deinem Haus, in deiner Ehe oder Familie, ein Todesfall, ein andauernder Streit, eine Trennung. Plötzlich ist dein Nest zerstört. Du hast kein richtiges Zuhause mehr. Vielleicht ist auch dein gutgehendes Geschäft plötzlich in der Krise, oder deine besten Freunde wenden sich ab. Vielleicht hat dich ein Unfall getroffen, oder eine böse Krankheit hat dich heimgesucht. Wenn du ein Gotteskind bist, hat das alles göttliche Bedeutung. Denn Gott stört dein Nest auf, wie das eines Adlers, um dich ins Leben des Glaubens zu führen.

Auch Israel wurde „aufgestört“. Vierhundert Jahre hatten sie im Lande Gosen gelebt. Mit Josef hatte alles so schön angefangen, und nun sollte die Bequemlichkeit natürlich bleiben. Aber Gott hatte andere Pläne mit Israel. Er legte ihnen Dornen ins Nest. Die Israeliten wurden zur bittersten Sklavenarbeit gezwungen. Langsam wurden sie willig, ihr Nest zu verlassen, aber es war sehr schwer. Und Gott gab nicht nach, bis sie nach

Erlösung schrieen. Wenn sie auch Angst hatten und nicht wußten, wo sie hinkämen, so waren sie jetzt doch bereit zu gehen.

Dann malt Mose das Bild weiter und sagt, daß der Adler über seinen Jungen schwebt. Die kleinen Nestlinge sind noch nie in ihrem Leben geflogen. Aber nun müssen sie. Was für ein „Unglück" ist über sie hereingebrochen! So etwas ist ihnen ja noch nie passiert. Ihr Fliegen ist noch nicht richtiges Fliegen, sondern mehr ein hilfloses Flattern und Kopfüberstürzen. Aber welch wunderbares Bild: Der Adler schwebt über seinen Jungen. Er hat alles im Auge. Es entgeht ihm nichts. So macht es Gott mit uns. Er wacht über allem, was Seinen Kindern widerfährt, nachdem Er unser Nest aufgestört hat. Es geschieht nichts, was Er nicht unter Kontrolle hat. Einen Vers zuvor erzählt Mose: *„Er [Gott] umgab ihn, gab acht auf ihn, er behütete ihn wie seinen Augapfel" (5. Mose 32,10; Elb).* Mach dir also keine Sorgen, liebes Herz. Unter dem Schatten Seiner Flügel wirst du sicher sein. Denn nicht der König der Lüfte, sondern der Herr Himmels und der Erde wacht über dich und wird dafür sorgen, daß alles wohl wird.

Aber der Adler schwebt nicht nur über seinen Jungen, sondern er bewegt seine Schwingen, um die Kleinen zu lehren, wie auch sie fliegen sollen. Das ist Unterricht durch Beispiel. Wir alle lernen viel besser, wenn wir nicht nur hören, sondern wenn wir auch sehen. Ich möchte die Gotteskinder meiner Gemeinde nicht nur durch Worte auf der Kanzel unterrichten, sondern auch durch mein Leben. Manche haben keine Redebegabung, aber ihre wortlosen Predigten, die sie durch ihr praktisches Vorbild halten, sind viel wirksamer als ein Schwall vieler Worte. So war auch Jesus ein Prediger der Taten. Wie ein Adler, der mit in die Tiefen seiner fallenden Kinder gleitet, stieg auch Jesus hinab und wurde versucht *„in allem wie wir, doch ohne Sünde" (Hebräer 4,15).* Er ging mit hinunter. Er blieb nicht oben. Vielmehr kam Er so tief, daß Er die Seinen rechtzeitig abfing. Denn Mose erzählt uns auch vom Adler seiner Zeit, daß er seine Flügel ausbreitet, die Jungen aufnimmt und sie auf seinen Schwingen trägt. Was haben wir uns darunter vorzustellen?

Wenn die Gefahr für die Kleinen zu groß wurde, sie entweder zu sehr in die Nähe der Erde kamen oder auch keine Kraft mehr hatten, dann segelte der erfahrene Adler unter seinen Jungen entlang und bot ihnen auf seinen ausgebreiteten Schwingen einen wunderbaren Landeplatz. Welch ein Ruheplatz muß das nach dieser Angstpartie für die Kleinen gewesen sein! Mose hatte schon früher dem Volk Israel die Worte Gottes weitergegeben, in denen es hieß: *„Ihr habt gesehen, ... wie ich euch getragen habe auf Adlerflügeln und euch zu mir gebracht" (2. Mose 19,4).* Auf Adlerflügeln trägt Gott auch dich und mich. Wenn du nach schwerem Kampf müde geworden bist, dann sieh doch die starken Flügel deines Gottes, sieh die Wunden Jesu und ruh dich aus. Du wirst nicht fallen. Du magst tief herunterkommen und keine Kraft mehr haben, dich alleine aufzuschwingen, aber der Herr ist rechtzeitig genug da. Ewige Arme sind ausgebreitet, dich zu tragen: *„Auch bis in euer Alter bin ich derselbe, und ich will euch tragen, bis ihr grau werdet. Ich habe es getan; ich will heben und tragen und erretten" (Jesaja 46,4).*

Aber was macht der Adler nun? Wo landet er mit der süßen Last? Er ist viel zu weit unten mit den Seinen. Die Niederungen sind gefährlich. Er ist zu nahe an der vergänglichen Welt. Er muß wieder hinauf, hinauf auf die Berge, hinauf zur Sonne. So habe ich gelesen, daß der Vogel die Jungen mit dem ersten Flügelschlag auf seinem Rücken zusammenschiebt und dann geht die Post ab nach oben. Die Flügel des Muttertieres sind frei, und die Jungen sitzen erschöpft auf seinem Rücken und tanken neue Kraft. Da freuen sie sich, daß es wieder nach oben geht, und sie singen quasi: „Bring mich höher auf die Berge, in Gemeinschaft nur mit Dir!" So macht es unser Herr Jesus auch mit uns. Er gibt uns niemals auf, wenn wir uns nicht in den Höhen halten können und zu weit gesunken sind und wir noch zuviel gezweifelt und zuwenig geglaubt haben, wenn unser Flug noch so kindisch war und unsere Nachfolge ein einziges Versagen. Gott läßt uns nie wirklich sacken. Denn Er bringt uns wieder nach oben, zum Licht, zum Sieg, zum Vertrauen, zum Überwinden. Er hilft uns aus unserer Schwachheit heraus und zieht uns wieder in die reinen Lüfte Seiner Herrlichkeit.

Aber kaum sind die Kleinen wieder ganz oben, da gibt's einen kräftigen Schub, und mit einem Ruck sind die Jungvögel über den Kopf der Mutter wieder in die Luft gerutscht – und die Übung beginnt von vorn. Die Kleinen dachten, daß es jetzt zum Nest zurückginge. Aber nein. So macht es Gott auch mit uns. Er verwirft uns nicht, aber Er wirft uns ab. Wir sollen dann erkennen, wie schwach wir noch sind. Dann weicht alle Selbstüberschätzung und alle fromme Einbildung. Deshalb muß das Training weitergehen. Du bist zu Höherem bestimmt. Du sollst lernen, auf dem Hochweg des Glaubens zu bleiben und fortwährend in der Gemeinschaft des Heiligen Geistes zu leben. Du sollst stark werden wie ein erwachsener Adler, der sich immer wieder erhebt und der am Himmel kreist, ohne müde zu werden. Du sollst für die Sonne, für den Himmel erzogen werden. Gott ist heilig, und du sollst auch heilig sein. Darum erwarte nicht zuviel Gemütlichkeit von deiner Zukunft. Gott hat dich zwar nach einer Partie der Angst und Not wieder mit nach oben genommen, und du bist froh darüber, wieder oben zu sein. Aber gib acht, vielleicht gibt es bald wieder einen neuen Test. Aber dennoch, vergiß mitten im Feuer der Leiden und der Anfechtung niemals, daß es alles Liebe ist und das alles für den Himmel ist. Du sollst in das Bild Jesu umgewandelt werden und Ihm immer ähnlicher werden. Du sollst mit Jesus weit überwinden und mit Ihm herrschen von Ewigkeit zu Ewigkeit.

Wochenlang ist eine junge Frau mit einem Schiff unterwegs. Es geht durch Sturm und Wetter über das südliche Meer hin zu dem Land ihrer Sehnsucht, das ihr Erfüllung bringen soll. Dort arbeitet ihr Verlobter als Missionar. Sie wollen heiraten und Gott gemeinsam dienen. Julie Hausmann ist voller Erwartung. Aber am Ziel empfängt sie ein anderer. Der führt sie, behutsam vorbereitend, an einen frischen Grabeshügel. Hier ruht ihr Liebster seit einigen Tagen. Eine Seuche hatte ihn dahingerafft. Alles scheint zusammenzubrechen. Sie ist allein. Doch nach langem, stillem, heißem Ringen erhebt sie sich wie von einem schweren Traum. Die Prüfung ist bestanden; auf der nächtlichen Missionsstation löst sich von ihrem Herzen ein Gebetslied, das ungezählten Menschen zum Trost geworden ist:

„SO NIMM DENN MEINE HÄNDE UND FÜHRE MICH
BIS AN MEIN SELIG ENDE UND EWIGLICH.
ICH MAG ALLEIN NICHT GEHEN, NICHT EINEN SCHRITT,
WO DU WIRST GEH'N UND STEHEN, DA NIMM MICH MIT.“[16]

In Jesus allein fand Julie Hausmann die Lösung aller unverstandenen Lebensfragen. Es war ein schweres Training für den Himmel. Aber sie lernte fliegen und hoch oben in der Gemeinschaft mit Gott zu leben.

Diese Übungen macht der Adler aber nur mit seinen eigenen Jungen, niemals mit fremden. Er übt nicht mit Spatzen oder gar mit Fliegen. Zu einem heiligen Leben werden nur die Söhne und Töchter Gottes erzogen, die Glaubenden. Fremde, die nicht zu Seiner Familie gehören, fordert Er nirgendwo zur Heiligung auf. Aber die, die zu Ihm gehören, die erzieht und trainiert Er.

Wenn du die Erziehungen Gottes sehr schmerzhaft an dir erlebst, dann tröste dich mit den Worten des Mose, die er für Israel hatte: *„Wie der Adler sein Nest aufstört, über seinen Jungen schwebt, seine Flügel ausbreitet, sie aufnimmt, sie trägt auf seinen Schwingen, so leitete ihn der HERR allein, und kein fremder Gott war mit ihm“ (5. Mose 32,11-12).* So ist es auch mit dir, liebes Kind Gottes.

---

[16] Pfingstjubel. a.a.O. Nr. 435

Gottes Liebe und Eifersucht

Nun wollen wir noch einen anderen Aspekt von Gottes Liebe erörtern. Das ist das selten besprochene Thema der Eifersucht Gottes. Bereits im ersten und zweiten Gebot wird uns eingeschärft, daß Gott ein eifersüchtiger Gott ist. Dort lesen wir: *„Ich bin der HERR, dein Gott. ... Du sollst keine anderen Götter haben neben mir. ... Du sollst dich vor ihnen nicht niederwerfen und ihnen nicht dienen. Denn ich, der HERR, dein Gott, bin ein* ***eifersüchtiger*** *Gott ..." (2. Mose 20,2-3+5; Elb).* Im Hebräischen steht das Wort „qanna", und das heißt in der Tat „eifersüchtig". In 2. Mose 34,14 geht die Bibel sogar noch weiter. Dort heißt es: *„... denn der HERR, dessen Name «Eifersüchtig» ist, ist ein eifersüchtiger Gott" (Elb).* Gott **ist** also nicht nur eifersüchtig, sondern sein **Name** ist „Eifersüchtig". Daß sich der Herr als eifersüchtig in der Bibel darstellt, wird manchen befremden. Denn wenn Er absolut selbstlose Liebe ist, wie kann Er dann eifersüchtig sein?

Eifersucht ist Sünde

Die Bibel stellt Eifersucht als Sünde dar.[17] In der Aufzählung der sündhaften Werke des Fleisches beispielsweise findet sich die Eifersucht gleich neben Zauberei, Hader und Zorn: *„Offenkundig sind aber die Werke des Fleisches, als da sind: Unzucht, Unreinheit, Ausschweifung, Götzendienst, Zauberei, Feindschaft, Hader,* ***Eifersucht****, Zorn, Zank, Zwietracht, Spaltungen, Neid, Saufen, Fressen und dergleichen" (Galater 5,19-21).* Paulus ermahnt uns deshalb auch mit großem Ernst: *„Laßt uns ehrbar leben wie am Tage, nicht in Fressen und Saufen, nicht in Unzucht und Ausschweifung, nicht in Hader und* ***Eifersucht****" (Römer 13,13).* Denn Eifersucht bedeutet Ich-

---

[17] Der entsprechende griechische Begriff „zelos" (davon kommt „Zelot" = „Eiferer") wird im Neuen Testament unterschiedlich übersetzt. Dort, wo Sünde gemeint ist, wird meist „Eifersucht" übersetzt. An anderen Stellen, wo „zelos" keine Sünde meint, wird fast durchgängig mit „Eifer" übersetzt (z.B. 2. Korinther 7,7+11; 9,2; 11,2 [wo Paulus schreibt, daß er mit *„göttlichem Eifer" „eifere"*]).

bezogenheit, Neid und Mißgunst. Und sie hat deshalb kaum etwas mit Liebe zu tun. Nicht selten sind Ehen an Eifersucht zugrunde gegangen. Die Frau beteuerte ihrem Mann immer und immer wieder ihre Liebe, aber er durfte kaum mit einer anderen Frau sprechen, und bei der kleinsten Kleinigkeit verdächtigte sie ihn. Umgekehrt haben Männer aus Eifersucht ihre Frauen sogar umgebracht. Auch Mütter „liebten" ihren Sohn so sehr, daß sie durch ihre Eifersucht der Schwiegertochter gegenüber seine Ehe zerstört haben. Die Bibel sagt zum Thema Eifersucht ein sehr weises Wort: *„Ein gelassenes Herz ist des Leibes Leben; aber Eifersucht ist Eiter in den Gebeinen"* oder *„Knochenfraß" (Sprüche 14,30; Sch)*. Wir lernen also, daß Eifersucht so gut wie nichts mit echter Liebe zu tun hat, auch wenn sie sich gern diesen Anschein gibt. Nein, Eifersucht ist Sünde. Und nicht nur das, sie zerstört uns auch. Sie frißt sich wie Krebs in uns hinein, bis Leib und Seele kaputt sind.

Verwechsle also auch du nicht deine Eifersucht mit Liebe, sondern bekenne sie vor Gott als Sünde und bitte Ihn von ganzem Herzen, dich von dieser Sucht und diesem Laster ganz und gar zu befreien. Der Herr wird es tun und dich statt dessen mit göttlicher Liebe erfüllen – diese *„ist langmütig und freundlich, sie* ***eifert nicht****, ... sie sucht nicht das Ihre, sie läßt sich nicht erbittern, sie rechnet das Böse nicht zu, ... sie erträgt alles, sie glaubt alles, sie hofft alles, sie duldet alles. Die Liebe hört niemals auf" (1. Korinther 13,4-8)*. Unser geliebter Herr und Heiland schenke dir das, in Jesu Namen.

Und die Eifersucht Gottes?

Aber wie steht es nun mit Gottes Eifersucht? Wenn unsere Eifersucht Sünde ist, ist sie dann bei Gott etwa keine Sünde? Jetzt werden viele überrascht sein, wenn ich sage: Ja, die Eifersucht Gottes ist im Gegensatz zu unserer keine Sünde! Sie ist vielmehr ein Ausdruck von Gottes Liebe. Das will ich erklären.

Die Ausnahmestellung Gottes

Wir müssen grundsätzlich lernen, daß der allmächtige und ewige Gott eine absolute Ausnahmestellung hat und daß Er mit nichts und niemand im ganzen Universum verglichen werden kann und auch nicht verglichen werden darf. Der Allerhöchste steht nicht mit uns in einer Reihe, sondern außerhalb von uns, himmelweit über uns. Wir sind Menschen, aber Er ist kein Mensch. Wir sind Geschöpfe, aber Er ist der Schöpfer. Und deshalb hat Er das Recht, Seinen Geschöpfen ein Gesetz zu geben und ihnen zu gebieten.

Manchmal hört man in diesem Zusammenhang unsinnige Sätze wie diesen: „Was Gott uns befiehlt, muß Er aber auch selber halten." Als Kind konnte ich nicht verstehen, warum ich schon ins Bett mußte, während mein Vater und meine Mutter noch aufblieben. Da hatte ich die gleiche Frage: Wieso befiehlt mir mein Vater, ins Bett zu gehen, und tut es selber nicht? Als ich ihm das einmal murrend vorhielt, antwortete er mir ganz schlicht und einfach: „Wolfgang, du bist ein Kind, aber ich bin dein Vater!" Ich glaube nicht, daß ich das damals einsah, aber recht hatte er trotzdem. Analog muß es heißen: Wir sind Menschen, aber Gott ist Gott! Denn Gott mußte sich selber kein Gesetz machen. Das machte Er für Seine Geschöpfe.

Als Jesus eines Tages am Sabbat durch die Kornfelder ging und die Jünger dabei Ähren rauften, bezichtigten die Pharisäer wie so oft wieder den Herrn, den Sabbat gebrochen zu haben. Die Antwort des Sohnes Gottes ist äußerst aufschlussreich, denn Er gab den Schriftgelehrten zurück: *„Der Sabbat wurde um des Menschen willen geschaffen und nicht der Mensch um des Sabbat willen. Also ist der Sohn des Menschen auch* ***Herr über den Sabbat****" (Markus 2,27-28).* Daraus folgt, daß Gott nicht nur Herr über den Sabbat, sondern natürlich auch Herr über das ganze Gesetz ist. Denn das ganze Gesetz ist um der Menschen willen gegeben und nicht um Gottes willen. Deshalb gilt der Grundsatz, daß der, der das Gesetz gegeben hat, auch Herr darüber ist. Das heißt – wiewohl das Gesetz Gottes ureigenes Wesen widerspiegelt und Er von daher in vollem Einklang mit Seinen Geboten steht –, daß Er dennoch eine völlig andere Beziehung zu den Geboten hat, als wir sie haben.

Das möchte ich anhand einiger Schriftbeispiele erläutern. So steht zum Beispiel in der Bibel: *„Rächt euch nicht selbst, meine*

Lieben, sondern gebt Raum dem Zorn Gottes; denn es steht geschrieben: »Die Rache ist mein; ich will vergelten, spricht der Herr«" (Römer 12,19). Das Gebot an uns ist klar. Es heißt: Ihr sollt euch nicht rächen! Darf Gott das nun auch nicht? Doch, Er darf. Denn Er sagt klipp und klar: *„Die Rache ist* ***mein; ich*** *will vergelten!"* Wir sehen also, daß Gott durchaus tun darf, was uns Menschen nicht gestattet ist. Wenn wir Rache üben, ist es Unrecht. Wenn Gott es aber tut, ist es Gerechtigkeit.

Das sollte niemanden irritieren. Denn in einem geordneten Staatswesen gilt das gleiche Prinzip. Niemand darf Selbstjustiz betreiben. Nur der ordentliche Richter darf verurteilen und Strafe verhängen, weil er das ausdrückliche Mandat Gottes dazu hat (vgl. Römer 13,1-4, besonders Vers 4), während der einzelne Bürger es nicht darf. Wenn der Bürger es tut, ist es Unrecht, wenn der Richter es tut, ist es Recht. Und so, wie wir diesen Grundsatz im Bereich des Staates ohne Probleme anerkennen, erwartet auch Gott, der allerhöchste Richter, von uns, daß wir bejahen, daß Ihm allein Rechte zustehen, die wir Menschen nicht haben.

Ein anderes Beispiel ist das Gesetz *„Du sollst nicht töten!"*. Hält Gott sich daran? Ja und Nein. Denn Er ist Herr über Leben und Tod. Er bestimmt Anfang und Ende eines jeden Lebens. Er gibt es, und Er nimmt es zu Seiner Zeit. Ein Ältester unserer Gemeinde sagte einmal in bezug auf das Sterben kranker Gläubiger: „Ein Christ stirbt nicht an seiner Krankheit, sondern am Willen Gottes!" Ja, die Bibel bezeugt buchstäblich, daß Gott selbst tötet, wiewohl Er das Gebot gegeben hat, daß wir nicht töten sollen. Denn wir lesen: *„Der HERR tötet und macht lebendig, führt hinab zu den Toten und wieder herauf" (1. Samuel 2,6).* Am Beispiel der gottlosen Söhne des Priesters Eli können wir den Ernst dieser Wahrheit erkennen. Sie hörten nicht auf die Ermahnungen ihres frommen Vaters. Warum nicht? Die Antwort lautet klipp und klar: *„Denn der Herr wollte sie töten" (1. Samuel 2,25; Sch).* Und Gott tat es auch. Denn das steht Ihm zu, aber eben nur Ihm allein. Darum verkündigt Er: *„Sehet nun, daß ich's* ***allein*** *bin und ist* ***kein Gott neben mir****! Ich kann töten und lebendig machen, ich kann schlagen und kann heilen, und niemand ist da, der aus meiner Hand errettet" (5. Mose 32,39).*

Wir sehen also: Was uns gilt – nämlich nicht zu töten –, gilt dem Allerhöchsten noch lange nicht. Wir müssen immer den Grundsatz der Bibel im Herzen bewahren, der da lautet: *„Der Herr ist ein Fels. Seine Werke sind vollkommen, denn* ***alles,*** *was er tut, das ist recht" (5. Mose 32,4).* Alles, was der Herr tut, ist gerecht, auch wenn Er tötet, auch wenn Er Rache übt, auch wenn Er zornig ist. Für uns ist das alles Sünde, die uns nicht erlaubt ist. Aber nicht so bei Gott, denn Er kann tun, *„was ihm gefällt" (2. Samuel 10,12),* und dennoch ist *„kein Böses an ihm" (5. Mose 32,4).* Das ist so, weil Gott unser Schöpfer, aber auch unser Richter ist. Und wenn Sein Zorn über uns ist, wenn Er Rache übt, wenn Er tötet, dann ist das nicht böse, sondern gutes und gerechtes Gericht, das Er ausübt. Aber dazu sind wir als Menschen niemals berechtigt.[18]

Wenn wir diesen gravierenden Unterschied zwischen dem Allmächtigen und uns Menschen nicht voll anerkennen und uns darum nicht in tiefer Beugung Gott ergeben und Ihn in Seiner Souveränität anbeten, dann werden wir niemals zur rechten Gotteserkenntnis gelangen, und die Heilige Schrift wird für uns für immer ein widersprüchliches Buch mit vielen Irritationen bleiben. Dann werden wir bei jeder Katastrophe immer wieder unsere Probleme mit Gott haben und immer wieder fragen, wie Er das denn zulassen könne und warum Er nicht so handelt, wie wir Menschen es tun würden. Unsere Schwierigkeit besteht einfach darin, daß wir uns Gott immer ein Stück weit als Mensch denken. Auf dieses fatale Mißverständnis weist uns der Herr

---

[18] Lediglich der staatlichen Obrigkeit hat Gott in einem klar definierten und beschränkten Maße das Recht und die Pflicht übertragen, einen Teil des *„Zornes Gottes"* umzusetzen. Besonders deutlich wird das in Römer 13,4, wo die Obrigkeit als *„Gottes Dienerin"* [griech. „diakonos"] eine *„Rächerin zur Strafe" (Elb; Sch; LÜ 1912)* bzw. eine *„Rächerin zum Zorngericht" (Sch2000)* ist. Denn dort, wo „Strafe" oder „Zorngericht" übersetzt wird, steht derselbe griechische Begriff „orge", der gewöhnlich mit „Zorn" übersetzt wird und in eben dieser Bedeutung auch in Römer 12,19 vorkommt. Dort wird der einzelne Christ als Privatmann aufgefordert, dem *„Zorn Gottes" „Raum"* zu geben, denn *„mein ist die Rache ...".* Unmittelbar danach wird nun ein Teil dieses Zornes Gottes an den Staat delegiert.

immer wieder hin und sagt: *„... du dachtest, ich sei ganz wie du" (Psalm 50,21; Elb).* Aber *„Gott ist nicht ein Mensch" (4. Mose 23,19)*, sondern Er korrigiert uns mit den machtvollen Worten: *„Ich bin ... ein Gott, dem keiner zu vergleichen ist" (Jesaja 46,9; Sch)*, und Er kann tun, *„was ihm gefällt" (2. Samuel 10,12)*.

Gottes Eifersucht ist Wahrhaftigkeit

Vor diesem Hintergrund müssen wir nun auch das Thema der göttlichen Eifersucht[19] betrachten. Wenn der Allerhöchste eifersüchtig ist, ist das etwas ganz anderes, als wenn wir Menschen eifersüchtig sind. Und deshalb gilt auch hier die göttliche Frage: *„Wem wollt ihr mich gleichstellen, und mit wem vergleicht ihr mich? An wem meßt ihr mich, daß ich ihm gleich sein soll?" (Jesaja 46,5).* Unsere Eifersucht ist Sünde, wie wir gesehen haben. Aber Gottes Eifersucht ist Ausdruck von Wahrheit und Gerechtigkeit und hat nichts, aber auch gar nichts mit Egozentrik zu tun. Denn es gibt tatsächlich nur einen einzigen Gott, und Ihm allein gehört alle Ehre. Der Allmächtige spricht: *„Ich bin Gott, und sonst keiner mehr" (Jesaja 46,9)*!

Wenn an einem großartigen Werk vier Architekten gleichermaßen zusammengewirkt haben, dann ist es recht, wenn sie alle geehrt werden. Wenn das Werk aber nur von einem allein geschaffen wurde, ist es dann recht, daß sich die anderen drei dennoch preisen lassen? Nein, das ist Unrecht. Man könnte also durchaus Verständnis dafür haben, daß der wahre Urheber eifersüchtig ist. Warum? Weil hier eine Lüge inszeniert wird, nämlich Diebstahl an geistigem Eigentum. Der Ausdruck Eifersucht ist hier also fehl am Platz, weil nämlich gar kein egozentrisches, mißgünstiges Verhalten vorliegt, sondern nichts anderes als Protest gegen Lüge und Betrug. Nicht Eifersucht, sondern gesundes Rechtsempfinden bringt den Mann auf.

Und genau dieses gesunde Rechtsempfinden ist es, das auch Gott auf den Plan ruft. Wenn nämlich neben Ihm, dem einzigen,

---

[19] Im Alten Testament beziehen sich etwa 60 Prozent aller Stellen, wo der Begriff „Eifersucht" vorkommt, auf die „Eifersucht Gottes".

wahren Gott, auch noch andere Ehre haben wollen, ist das für den Allerhöchsten nicht akzeptabel. Denn nur **ein** „Architekt" hat die Welt erschaffen, und nur **einer** erhält sie, und **niemand** hat Ihm dabei geholfen. Ihm allein gehört das Urheberrecht. Er allein besitzt das „Copyright" der ganzen Schöpfung. Wenn jemand behauptet, daß es andere Kräfte, Mächte, Götter oder Menschen gibt, die mit Ihm, dem Alleinigen, mitgewirkt haben, dann ist es eine Lüge. Sofort beginnt Gott, um die Wahrheit zu eifern. Ja, Er wird eifersüchtig; aber eben nicht im neidischen, selbstsüchtigen Sinn, sondern zugunsten von Wahrheit und Gerechtigkeit. Denn wenn Gott sich selbst über alles herausstellt und Seine eigene Ehre sucht, tut Er das nicht aus Überheblichkeit und Anmaßung wie wir, sondern Er tut es aus Recht und Wahrheit. Also nicht aus Ehrsucht sucht Gott für sich allein alle Ehre, sondern aus Gerechtigkeit. Weil Er allein Gott ist und es außer Ihm keinen Gott gibt, darum hat Er das Recht, alle Ehre für sich einzufordern. Und wenn Er das tut, nimmt Er niemandem die Ehre und beraubt niemanden seines Ruhmes und stellt niemanden unrechtmäßig zurück. Nein, Gott versucht nicht, sich auf Kosten anderer zu erheben, vielmehr ist Er bereits vom ewigen Anfang her über alles erhoben. Im Gegensatz zu allen Seinen Kreaturen ist Er berechtigt, Anbetung zu erwarten. Darum erklärt Er unwiderruflich und feierlich: *„Ich bin Jahwe, das ist mein Name. Und meine Ehre gebe ich keinem anderen, noch meinen Ruhm den Götterbildern" (Jesaja 42,8; Elb)*. Gottes Eifersucht ist also eine gerechte. Denn wer es wagt, neben seinem Schöpfer und Erlöser eigene Ehre zu beanspruchen, der erhebt sich gegen die Wahrheit und gegen das Recht. Und um beides wird der Herr nicht aufhören zu eifern.

Gottes Eifersucht ist Liebe

Es gibt bezüglich der Eifersucht Gottes nicht nur den Grund der Wahrhaftigkeit, sondern noch einen ganz anderen. Dieser hat sehr viel mit Seiner Liebe zu uns zu tun. Denn Gottes Eifersucht um Seine Ehre ist unser Schutz. Wenn der Herr in Seinem Gebot sagt: *„Du sollst keine anderen Götter haben neben mir"*, sagt Er das nicht nur gerechterweise und nicht nur um der Wahrheit willen, weil es ja faktisch keine anderen Götter gibt, sondern Er sagt es auch aus besonderer Liebe zu uns. Inwiefern?

Wir haben auch in jüngster Geschichte allerlei „Götter" gehabt, die sich uns vielversprechend anboten. Wir erinnern uns an Despoten und Machthaber, die sich von den Massen anbeten ließen. Was haben uns diese Nebengötter gebracht? Terror, Krieg, Verbrechen und Blutvergießen ohne Ende. Hätten die Völker die Eifersucht Gottes erkannt und ernstgenommen, wäre sie ihr Schutz vor dem Untergang gewesen. Aber sie erachteten die Eifersucht Gottes um Seine Ehre für nichts und brachten statt dessen menschlichen Göttern Anbetung. Hätten sie die Ehre Gottes allein hochgehalten, wäre kein Platz für andere gewesen. Sie hätten sicher und in Frieden leben können, aber die Verherrlichung, die sie anderen Göttern gegeben haben, brachte sie schließlich um.

Das gleiche gilt auch in unserem persönlichen Leben. Da, wo Geld, Karriere, Erfolg und Ruhm oder auch unser Ehepartner und unsere Kinder die Stellung Gottes in unserem Herzen streitig machen, ist Gefahr im Verzug. Gott wird eifersüchtig auf unsere Nebengötter – aber nicht aus Neid, sondern aus Liebe zu uns. Er will uns vor dem Betrug unserer Götzen schützen. Und wenn dein Heiland dir Signale Seiner Eifersucht sendet, dann überspiele sie nicht, sondern gehe darauf ein und tue Buße. Gib Jesus wieder den ersten Platz in deinem Leben. Wenn du aber gegen Gottes Eifersucht resistent bleibst, dann gehst du deinen Götzen auf den Leim, und über kurz oder lang wirst du bitter enttäuscht sein. Denn es gibt nur einen Gott, der dir ein erfülltes Leben schenken kann, und außer Ihm ist keiner. Wer aber dennoch wider besseres Wissen seine Zuflucht bei Menschen, Tieren oder Dingen sucht, wird böse betrogen. Davor will uns der Herr aber bewahren, und zwar mit Hilfe Seiner göttlichen Eifersucht. Denn nur unter der Herrschaft des einen wahren Gottes erleben wir Segen und Frieden. Wenn wir Ihn allein anbeten, dann tun wir, was recht ist, und Wohlergehen wird unser Teil sein. Soli Deo Gloria, Gott allein die Ehre – das sei die wichtigste Devise in unserem Leben. Freue dich also und danke dem Herrn, daß Er um Seinen Namen eifert, und zwar dir zugut, damit du dich nicht von anderen

Göttern und Götzen verführen läßt und großen Schaden erleidest.

Nun hast du in diesem Buch von den vielen Aspekten der Liebe Gottes gelesen, von der allgemeinen und von der besonderen Liebe, von der ewigen Liebe, die nicht scheitert, und auch von der Liebe, die in die Wesensähnlichkeit mit Jesus hinein verändert und die dich für den Himmel diszipliniert. Ja, und schließlich hast du von der eifersüchtigen Liebe deines Herrn gehört, die dir Bewahrung und Schutz vor götzendienerischer Verführung gewähren will. Mir bleibt zum Schluß nur die Aufforderung für dich und mich: *„Lasset uns ihn lieben, denn er hat uns zuerst geliebt" (1. Johannes 4,19; LÜ 1912).* Unser Gebet soll sein: Herr, gib mir durch den Antrieb des Heiligen Geistes die innere Kraft zu einem Leben in der Liebe Gottes, so daß ich von ganzem Herzen und von allen meinen Kräften um Deine heilige und ewige Ehre eifern kann, wie es Dir gefällt, in Jesu Namen. Amen!

Buchempfehlungen

Wolfgang Wegert. arche-medien, Hamburg

Fundamente des Glaubens. 2010[12]. Pb. 96 S. € 4,90

In diesem Buch geht es um die Grundfragen des Glaubens: Warum ist der Mensch verloren? Wie kann er wieder zu Gott zurückfinden? Was heißt „Wiedergeburt“, was verstehen wir unter „Bekehrung“? Aber auch Fragen zum Wirken des Heiligen Geistes, zur Bewahrung der Gläubigen bis hin zum Thema Tod werden angesprochen.

Das Evangelium kennen und genießen. 2009[5]. Pb. 312 S. € 13,90

Nicht selten fragen Christen, was los ist in unseren Gemeinden. Sie spüren, dass in der Verkündigung etwas nicht stimmt, aber man weiß nicht genau, was. Denn heimlich hat sich die christliche Verkündigung so sehr dem humanistischen Zeitgeist angepasst, dass zwar noch Bibelstellen verwendet werden, aber so einseitig, dass das Evangelium verzerrt und oft sogar auf den Kopf gestellt wird.

Da das auf die Gesundheit des Glaubens verheerende Auswirkungen hat, möchte dieses Buch dringend dazu beitragen, ganz neu die fundamentalen Wahrheiten zu entdecken, auf denen das Evangelium aufbaut. Pastor Wegert geht dabei natürlich bei der Bibel in die Schule und auch bei den Reformatoren und Erweckungspredigern, die sich von ihr lehren ließen, wie z.B. M. Luther und J. Calvin, J. Edwards, C. H. Spurgeon und M. Lloyd-Jones.

Das Gesetz der Freiheit. 2008^{5}. Pb. 160 S. € 7,40

Wolfgang Wegert entfaltet in diesem Buch die Eckdaten christlicher Ethik anhand der Zehn Gebote. Durch die Gebote Gottes erkennen wir zwar einerseits unsere völlige Unfähigkeit, Gottes Gesetz zu erfüllen – es treibt uns so zu Jesus und Seiner Gnade. Unter der richtigen Voraussetzung aber werden die Gebote Gottes andererseits zu einer überaus segensreichen Leitlinie für unser ganzes Leben. Wir entdecken in ihnen die Weisheit des Schöpfers dieser Welt und sind fasziniert von der Freiheit, die Gottes Gesetz letztlich überhaupt erst möglich macht.

Mir wird nichts mangeln. 2010^{8}, Pb. 72 S. € 3,90

In Jesus Christus kann der Gläubige wirklich zur Ruhe kommen, denn Er ist der gute Hirte, der die Seinen mit aller geistlichen Nahrung versorgt. So ist der nur wenige Verse lange Psalm 23 zugleich eine Kurzfassung des gesamten Evangeliums – von der Einladung zum Glauben angefangen über das Leben der Gläubigen mit allen Höhen und Tiefen bis zur Vollendung in der Ewigkeit.

Liebe, die nicht scheitert. 2010^{5}, Pb. 80 S. € 4,40

Wie ist die Liebe Gottes eigentlich? Sie ist nicht so, wie Menschen sie sich denken. Für viele ist das Wort „Gott ist Liebe“ nur ein Klischee, nur ein Alibi für Gottlosigkeit. Sie wünschen sich eine Liebe ohne Wahrheit, Gerechtigkeit und Gericht. Aber Gottes Liebe ist anders. Sie ist tiefer, reiner und heiliger. Weil es hier große Verwirrung gibt, müssen wir dringend zur Bibel greifen und lernen, wie die Liebe Gottes wirklich ist.

Ein kostbarer Glaube. 2008³, Pb. 200 S. € 8,90

Biblischer Glaube ist für Petrus nicht billige Massenware, sondern eine teure Rarität, eben ein „kostbarer Glaube“ (2. Petrus 1,1). In seinen beiden Briefen macht der Apostel deutlich, warum lebendiger Glaube einen so unschätzbaren Wert hat.

Petrus geht in seinen beiden Briefen in kurzer und prägnanter Form auf nahezu alle Facetten des biblischen Glaubens ein – sowohl der Lehre als auch besonders der Praxis. Das vorliegende Buch, das auf eine Predigtreihe des Autors über die beiden Petrusbriefe zurückgeht, kann so auch dem heutigen Leser helfen, die Kraft des von Gott geschenkten Glaubens ganz praktisch zu erfahren – in Zeiten der Freude und des Wohlergehens, aber besonders auch in Zeiten von Leid und Not, bei Verführung und Bedrohung durch falsche Lehren.

Damit sie eins sind. 2007, Pb. 96 S. € 4,90

Vielen Christen gefällt das „hohepriesterliche Gebet Jesu“ in Johannes 17 deshalb besonders gut, weil es auch von der Einheit der Christen handelt, die uns ja allen sehr am Herzen liegt. Aber was heißt das? Sollen wir die Einheit menschlicher Institutionen organisieren? Sollen wir Kompromisse schließen, den kleinsten gemeinsamen Nenner suchen? Spricht Jesus dagegen nicht vielmehr von einer geistlichen Einheit, die sein himmlischer Vater bereits gewirkt hat und die letztlich vom Geist Gottes garantiert wird? Das Gebet Jesu gipfelt in dem Gebet um Einheit. Aber auf dem Weg dahin gibt es noch eine Fülle anderer Themen, die ganz neu beleuchtet werden sollen und somit zu starkem geistlichen Gewinn werden.

Alles ist Dein. 2008[3], Pb. 120 S. € 6,90

Alles, wonach gläubige Christen sich in Wahrheit sehnen, ist ihnen durch Jesus Christus bereits geschenkt. Deshalb gibt es auch absolut keinen Grund mehr für Verzagtheit, Resignation, Verzweiflung und Depression.

Und auch alle eigene Anstrengung, Arbeit und Mühe, um ein Gott wohlgefälliges Leben zu führen, ist völlig umsonst.

Durch dieses Buch will Wolfgang Wegert Ihnen die Augen öffnen für das Geschenk eines befreiten und erfüllten Lebens in Christus. Lassen Sie sich nach der Lektüre dieses Buches nie wieder die neue Perspektive rauben!

Die Dreieinigkeit Gottes. 2006[2], Pb. 64 S. € 3,80

In dieser kurzen Studie wird mit den zentralen biblischen Texte diese wichtige theologische Lehre begründet, gleichzeitig aber auch ihr Segen für das alltägliche Leben des Christen thematisiert.

Glaubensbekenntnis der Arche. 2009, 32 S. € 2,50

Wozu dient ein spezielles Glaubensbekenntnis? Ist es nicht ausreichend, die Bibel als verbindlich anzuerkennen? Pastor Wegert schreibt dazu in seinem Vorwort:

„Selbstverständlich kann sich unser Glaube nur auf die Heilige Schrift gründen. Aber gerade sie ermahnt uns, dass jeder Christ zur Gesundheit seines Glaubens und zum Zeugnis vor der Welt ein klares Verständnis von der Lehre der Schrift braucht. Angesichts einer christlich religiösen Beliebigkeit erscheint es uns deshalb von großer

Wichtigkeit, in einigen kurzen Artikeln das komprimiert aufzulisten, was die Bibel als Pfeiler und Grundfeste der Wahrheit bezeichnet (2. Timotheus 1,13).“ So möchten wir allen Lesern Rechenschaft von unserem Glauben ablegen, ihnen deutlich machen, wo unser Herz schlägt, sie aber zugleich einladen, selbst die Bibel intensiv zu studieren und sich vielleicht auch mit Themen zu beschäftigen, die sie aus dem Auge verloren haben oder die für sie ganz neu sind. Dazu bieten nicht zuletzt die Verweise auf viele biblische Texte reichhaltig Möglichkeit.

Dave Harvey. Wenn Sünder sich das Ja-Wort geben. 2009, 200 S. € 10,90

Dave Harvey laboriert nicht an den äußeren Symptomen Problem beladener Ehen herum, sondern kommt auf die wahre Ursache aller Beziehungsnöte zu sprechen – nämlich unser abgründiges Herz. Sein Buch zeigt aber nicht nur das, sondern der Leser erfährt mit großer Überraschung, wie das fast vergessene Evangelium auch heute noch die einzigartige Kraft besitzt, menschliche Herzen so nachhaltig zu verändern, dass zwei Sünder schließlich doch glücklich miteinander leben können. Wenn „Sünder sich das Ja-Wort geben“ ist deshalb zugleich auch ein leidenschaftliches Plädoyer für die Botschaft vom Kreuz. Nicht zuletzt aus diesen Gründen verbindet mich, Wolfgang Wegert, mit Dave Harvey eine besondere Freundschaft.

C.J. Mahaney. Souveräne Gnade und das herrliche Geheimnis der Erwählung. 2009, 22 S. € 2,50

Was denkst du über dein Bekehrungserlebnis? Was sticht am meisten hervor: Gottes Initiative und Sein Eingreifen oder deine Buße und dein Glaube? Wenn wir die Rolle von Gottes souveräner Gnade in der Erwählung deutlich und andauernd erkennen, dann erfreuen wir uns an den wunderbar lebensverändernden Wohltaten, die allein das Evangelium geben kann.

Liebe, eine Flamme Gottes. 2009, 104 S. € 5,90

So wie dein Herz mit Gott steht, so steht es auch mit deinem Partner. So wie dein Verhältnis zum Herrn ist, so ist auch dein Verhältnis zu den Deinen. Deine Anbetung Gottes bestimmt, wie du andere behandelst. Deshalb geht es in der vorliegenden Betrachtungsreihe auch nicht als erstes um die Frage, wie es mit der Beziehung zu deinem Partner steht, sondern wie es mit deiner Beziehung zu Gott steht. Wenn ihr möchtet, dass eure Ehe nicht als erstes auf euch selbst, sondern auf Gott und Seine Ehre bezogen sein soll, dann wird dieses Buch einen überraschend großen Nutzen in eurem täglichen Leben haben.

Das Wort der Wahrheit. 2009, 404 S. € 17,90

Die am meisten verbreitete Schrift in der ganzen Welt ist die Bibel, obwohl sie durch die Jahrhunderte hindurch bekämpft wurde wie kein anderes Buch. Was macht sie so einzigartig, so souverän und zeitlos? Es sind ihre gewaltigen, ewig gültigen Lehren. Doch in unserer sogenannten christlich-abendländischen Gesellschaft kennt man die Bibel kaum noch. Um aber die Kraft der Heiligen Schrift für das eigene Leben und die Gesellschaft im allgemeinen entdecken und erfahren zu können, müssen wir wissen, was definitiv ihre Botschaft ist.

Anhand vieler Bibelzitate und mit einem starken Bezug zum praktischen Leben erklärt Pastor Wegert in seinem neuen Buch 65 mal treffend das Wort der Wahrheit. Der Leser spürt seine leidenschaftliche Hingabe an das Evangelium und wird selbst tief berührt von Gottes unaussprechlicher Gnade und von Seinem einzigartigen Heilsplan.